세상의
선물이 되는
교회

일러두기

· 본문에서 사용된 우리말 성경은 개역개정판 성경을 사용했습니다.

· 본문에 사용한 문장부호 중 『 』는 단행본, 「 」는 보고서나 잡지, 찬양, 《 》는 시리즈,
〈 〉는 프로젝트를 의미합니다. [ ]는 문장의 이해를 돕기 위해 보충적인 내용을
덧붙일 때 사용되었습니다.

건강한 교회 세우기 시리즈

실전편 3 : 사회구성원 차원

세상의 선물이 되는 교회

✳

이웃과 세상을 위한 교회 어떻게 세워지는가

한국교회 희망 프로젝트 기획
백광훈·김지혜 지음

크리큠북스

"세상의 선물이 되는 교회"는 어떤 교회일까? 그런 교회란 사
회구성원으로서 사회 안에서, 사회를 위해, 사회와 함께 살아
가는 공동체라고 이 책은 말한다. 교회를 통해 대안적 희망을
찾는 그리스도인에게 큰 기쁨을 선사하는 "선물"과 같은 소
중한 책이다.

_고재길(장로회신학대학교 기독교와문화 교수)

이 책은 한국교회의 가장 큰 취약점인 사회적 차원에서의
공동선 실천을 다루고 있다. 세상을 섬기는 교회가 어떻게 지
역과 함께 상생을 이루고, 시혜적 차원을 넘어 정의의 차원에
서 세상을 변화시켜야 하는지 실제적인 이야기를 담고 있다. 또
한 교회가 먼저 내부적으로 '사회학적 불가능성의 가능성'을 성

취하여 세상의 희망이 되어야 한다는 점도 잊지 않고 제시한다. 이 탁월한 책으로 모든 한국교회가 제자훈련을 했으면 좋겠다.

_이도영(더불어숲동산교회 담임목사)

한국교회가 직면한 위기 앞에서 교회의 본질과 사명을 일 깨우고, 동시에 교회의 사회적 역할로 우리를 안내한다. 무엇 보다 교회 공동체가 주체가 되어 세상 한복판에서 하나님 나 라를 세워 가는 내용이 실제적이고 감동적이다. 한국교회에 희망이 절실한 이때, 이 책이 한국교회의 회복과 변화의 방향 성을 제시할 것이다. 참된 교회에 목마른 모든 성도와 지도자 들에게 강력 추천한다.

_이상훈(America Evangelical University 총장)

그리스도인은 삶의 모든 영역에서 하나님의 영광을 드러 낼 수 있어야 하고, 교회는 이러한 기독 시민들을 길러 내는 산실의 역할을 감당해야 한다. 이것은 구체적인 지침과 안내 를 필요로 한다. 그것들이 있을 때, 의미 있는 차이를 만들어 교회는 실제적인 능력을 발휘할 수 있다. 이를 위한 매우 적절 한 안내서이자 함께 토론할 수 있는 좋은 교재가 준비되었다. 이 책이 교회를 더욱 온전하게 만들어 교회가 우리 사회의 희 망이 될 수 있도록 이끌어 줄 것이다.

_정재영(실천신학대학원대학교 종교사회학 교수)

차례

✳

시작하며:
하나님 나라의 온전함을 향하여

✛ 교회에 희망이 있습니까?

한국교회는 20세기 후반에서 21세기 초반에 이르기까지 세계에서 가장 폭발적인 성장을 이룬 교회입니다. 그런데 그런 한국교회가 21세기를 지나며 위기를 맞고 있습니다.

교회의 위기는 교회 내 갈등, 교회 지도자와 성도의 삶의 모습, 교단이나 연합기관들의 문제를 주목할 때 더욱 확연하게 드러납니다. 내부적으로는 교인 수의 감소와 더불어 시대적으로 개인의 삶에 집중하는 문화가 확산되면서 공동체에 대한 헌신이 약화되고, 교회 규모의 간극이 심해지며, 지나친 정치화로 인한 교단과 총회 등 교회 기구에 대한 불신이 늘어나고 있습니다. 외부적으로는 대사회적 공신력이 하락하며 부정적 이미지가 커지고 있습니다. 더욱이 코로나19에 책임적으로 응답하지 못하면서 교회의 신뢰도와 영향력은 심각한 타격을 입었습니다. 저는 이 모든 징후를 통틀어 **교회의 건강성 위기**라고 해석합니다.

안타깝게도 이러한 위기는 일시적인 요인으로 인한 것이 아닙니다. 한국교회가 120년간 이룬 폭발적인 성장에 따른 후유증들을 외면한 결과입니다. 코로나19를 계기로 오랜 시간 쌓여 왔던 문제들을 압축적으로 마주하고 있는 것입니다.

위기의 근본적인 원인은 **신앙**에 있습니다. 교회가 교회답지 못해서, 신앙인이 신앙인답지 못해서입니다. 신앙인 개인, 신앙 공동체로서의 교회, 또한 사회적 기구와 제도적 구조의 차원에서 신앙인과 교회는 신앙인다움과 교회다움을 나타내지 못하고 있습니다. 그로 인해 세상으로부터 '사회적, 정치적 공공성이 부족하다'라는 비판을 받고 당혹감과 열패감을 느끼고 있는 것이 교회의 현실입니다.

신앙이 좋다는 것과 그리스도의 제자가 된다는 것의 인식과 도전이 부족했음을 이제 여실히 깨닫습니다. 동시에 신앙인이 모인 공동체로서의 교회는 어떻게 운영되며, 사회

적, 제도적 기구로서의 교회는 어떠한 역할을 하여야 하는
지에 대한 합의가 이루어지지 않아 혼란스러운 상황입니다.

✦ 아직 희망은 있습니다!

한국교회는 여전히 양적·질적인 면에서 상당한 역동성과 잠
재력을 가지고 있습니다. 인적·물적 자원도 결코 적지 않습
니다. 세계 선교에서 한국교회는 섬김의 영향력을 끼칠 수
있는 몇 안 되는 교회로 변함없이 중요한 위치를 차지하고
있습니다. 수백만 명의 신앙인들이 교회를 중심으로 예배하
고 교육받으며 나름대로 봉사에 힘쓰고 있습니다. 무엇보다
우리에게는 지난 수십 년간 한국교회에 은혜를 부어 주신
하나님이 계십니다. 이순신 장군의 '12척의 배'보다 훨씬 많
은 자원을 '은혜의 선물'로 허락하신 주님이 오늘도 우리와
함께 하십니다.

　이토록 풍성한 은혜Gabe를 허락하신 주님께 감사하며 그
에 응답할 책무Aufgabe가 우리에게는 있습니다. 이제 교회의
위기를 직시하며 여러분과 함께 온전한 교회됨의 여정을 떠

나고자 합니다. 그러기 위해서는 먼저 주님이 선물로 주신 '구슬 서 말'을 '하나로 꿰는' 심정으로 우리의 신앙을 점검하고 성숙·성화의 과정을 재촉해야 합니다. 그것이 온전한 신앙인, 온전한 교회 공동체, 온전한 사회적·제도적 기구로서의 교회됨을 향한 여정의 시작입니다.

✤ 우리의 비전: 하나님 나라를 향한 교회 바로 세우기

한국교회의 회복은 개별 교회나 교단의 이벤트, 단편적인 노력으로 이루어지지 않습니다. 우리가 받은 선물, 곧 영적·인적·물적 역량에 집중하여 건강한 교회를 소망하고, 시대와 호흡하여 사회가 신뢰하는 교회로 탈바꿈해야 합니다. 문화와 소통하며 문화를 변혁하여 하나님 나라에 참여하는 종말론적 교회로 거듭나야 할 것입니다.

그래서 우리는, 엄중한 문제의식과 명료한 분석을 거쳐 교회가 건강성을 회복하고 하나님 나라의 온전함을 세워 가고자 〈한국교회 희망 프로젝트〉를 실행하려고 합니다.

- 〈한국교회 희망 프로젝트〉는 '신앙인 개인', '신앙 공동체로서의 교회', '시민사회와 기독교 시민단체 등'이 하나님 나라 실현에 참여하는 사역의 지속적 주체가 되어야 함을 주장합니다.

- 이 기획은 특정 이념과 당파성에 치우치지 않아야 함을 전제로 합니다. 타인의 티끌을 보고 비판하는 대신 내 안의 들보를 보고, 거룩한 분노를 진정한 사랑에서 우러나오는 대안적 정의 제시와 실천으로 이끄신 예수 그리스도의 마음과 태도를 본받으려 합니다.

- 전환과 변화를 위해 현실 상황을 객관적으로 분석해야 할 것입니다. 이는 더 온전한 삶, 더 온전한 공동체, 더 온전한 교회를 만들어 가는 책임적 응답을 위해 반성적 성찰로 이어져야 합니다.

- 이러한 기획은 신학뿐 아니라 경제, 경영, 정치, 사회, 문화, 법률 등 다양한 영역과의 간학문적이고 융합적 협력을 필요로 하며, 그와 동시에 교회 현장에서 실제로 작동하는 실천적 지혜로 이어져야 합니다. 이 같은 관점에서 사회과학자 및 신학자들과 협업하여 개인의 신앙을 개인적/공동체적/사회적 기구와 제도의 차원에서 분석할 수 있는 지표와 지수를 개발하였습니다. 그 활용을 통하여 신앙의 현실을 살펴보는 데 도움받기를 기대합니다.

- 좋은 신앙인 됨과 좋은 시민 됨이 밀접하게 연계되어 있음을 전

제하여 신앙과 신학, 교회의 통전성을 지향합니다.

- 이 기획은 궁극적으로 건강한 교회됨을 통한 하나님 나라 참여, 즉 사회적 차원에서 공동선common good을 기르려는 것입니다. 사회의 여러 영역을 이해하고, 동역 기관들과 함께 공동선 함양을 위한 포괄적 목표와 연대의 방안들을 제시할 것입니다.

- 이를 통해 한국교회에 대한 신뢰를 회복하고 신앙인다운 신앙인, 교회다운 교회를 다시 세우는 것이 목표입니다. 또한 위기를 극복하여 희망을 보여 주는 교회로서 외국의 교회 및 유관 기관들과의 전략적 연대를 통하여 세계 교회와 국제사회에 이바지하는 선교적 섬김이 되기를 기대합니다.

이에 〈한국교회 희망 프로젝트〉는 《건강한 교회 세우기》 시리즈를 기획했습니다. 이 시리즈를 통하여 한국사회와 교회의 현실에 대한 위기 인식의 토대 위에, 교회의 교회다움의 전제로서 온전한 신앙인을 향한 여정을 개인적, 공동체적, 제도적이고 사회구성원의 차원에서 제시하려 합니다. 이것이 본 시리즈의 의도이자 목적인 동시에 내용입니다.

이 시리즈는 세 가지 면에서 다른 책들과 차별점이 있습니다. **첫째**, 건강하고 바른 교회가 세 가지 차원으로 이루어

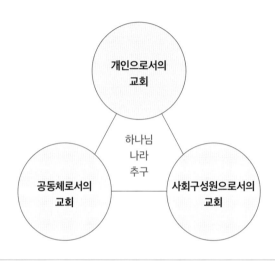

• 건강한 교회의 세 차원 •

개인으로서의
교회

하나님
나라
추구

공동체로서의
교회

사회구성원으로서의
교회

진다는 점을 강조합니다. 바로 신앙인다운 신앙인 됨, 공동체로서의 교회됨, 지역적·사회적 기구로서의 교회됨의 차원입니다. 이 세 영역 모두가 건강하게 발전하고 유기적으로 연결될 때 건강한 교회의 가능성을 모색할 수 있습니다.

그러므로 우리의 과제는 (1) 개인적 차원에서: 더욱 신앙인다워짐, 즉 장성한 신앙인 됨, (2) 신앙 공동체 차원에서: 신앙인들이 모인 공동체다워짐, (3) 사회적 기구로서의 제도적 차원에서: 사회적 공동선 추구에 모델이 되는 공공적 기구로서의 교회됨을 이루는 것입니다. 목표는 '신앙인다운 신앙인'성숙한 신앙인 – '교회다운 교회'건강한 신앙 공동체 – '제도적 기구로서의 교회'가 서로 유기적 상관관계에 있음을 온전히 드러내는 것입니다.

둘째, 2022년 교회 출석자 1,000명과 가나안 성도 300명을 대상으로 실시한 개인·공동체·사회구성원으로서 교회의 건강성을 측정하는 '교회의 건강성 측정을 위한 조사'의 일부 문항을 분석하여 이론편 『하나님 나라, 공동선, 교회』 1부 한국교회 건강성 분석 리포트에 담았습니다. 또한 각 교회에서도 활용할 수 있도록 설문지를 책에 수록하였습니다. 설문의 결과는 비교나 평가가 아니라 교회 공동체가 하나님 나라의 온전함과 온전한 신앙인 됨을 이루어 가는 점검의 과정이어야 합니다. 이에 근거해 우리의 부족함과 나아가야 할 푯대를 확인하게 될 것입니다.

마지막으로 원론적인 개념서가 아닙니다. 실전편인 『나를 넘어서는 힘』, 『하나님 나라를 품은 공동체』, 『세상의 희망이 되는 교회』에 성경, 인문학, 교회의 사례와 토의 자료, 공동체 활동 등 여러 방면의 내용을 담아 공동체에서 실제로 활용할 수 있게 하였습니다. 특히 책에 등장하는 사례는 문자적으로 받아들이기보다 성령의 감동 가운데 상상력을 발휘해 읽어 주시기를 바랍니다. 건강한 교회를 세우기 위하여 여러 사례를 들여다보고 다양한 시도를 하는 과정을 통해, 실천적 변화를 꾀하는 데 현실적인 가능성을 탐색하고 삶과 교회를 재구성하여 교회를 더욱 온전하게 할 것입니다.

✛ 프로젝트의 구성

《건강한 교회 세우기》 시리즈는 건강한 교회를 이루는 세 영역의 성숙과 발전에 초점을 맞추어 총 네 권으로 구성됩니다.

이론편 『하나님 나라, 공동선, 교회』는 건강한 교회를 세우기 위한 신학적인 기초로서 하나님 나라에 대한 이해와 오늘날 세상에서의 교회의 과제, 현재 한국교회의 건강성을 확인하는 분석 보고서로 이루어져 있습니다. 목회자와 교회 리더들이 건강한 교회에 대한 이론적 이해를 정립할 수 있습니다. 또한 한국교회의 건강성 분석을 기초로 우리 교회

• 《건강한 교회 세우기》 시리즈의 구성 •

시작하며: 하나님 나라의 온전함을 향하여

↓

『하나님 나라, 공동선, 교회』 (이론편)

건강한 교회의 이론적 기초: 하나님 나라, 공동선	—	건강한 교회의 세 가지 차원: 개인, 공동체, 제도와 사회구성원	—	교회의 건강성 점검 및 분석

↓ (실전편)

『나를 넘어서는 힘』		『하나님 나라를 품은 공동체』		『세상의 선물이 되는 교회』	
개인 차원		공동체 차원		사회구성원 차원	
기도	보기 위해 눈을 감다 →	비전	하나님 나라의 비전에 설레다 →	사명	교회, 섬기기 위해 세워지다
성경 읽기	읽으면서 익어간다 →	이야기	하나님 나라의 언어로 말하다 →	이웃	교회, 지역과 함께 성장하다
분별	분열의 덫 분별의 빛 →	예배	하나님 나라의 거룩함을 누리다 →	변화	교회, 하나님 나라를 맛보는 곳
대화	말이 통한다 맘이 동한다 →	제자	하나님 나라의 방식을 연습하다 →	희망	교회, 하나님 나라가 임하는 통로

↓

마치며: 성도다운 성도, 교회다운 교회

의 건강성을 확인할 수 있는 설문지 '교회의 건강성 측정을
위한 조사'가 포함되어 있습니다.

다른 세 권은 건강한 교회를 이루어 가는 여정을 돕는 **실
전편**입니다. 『나를 넘어서는 힘』은 교회의 첫 번째 차원, 즉
개인으로서의 교회를 건강하게 세우도록 합니다. '기도', '성
경 읽기', '분별'과 '대화'의 과정을 통해 보다 성숙한 그리스
도인으로서 리더십을 세워 나갈 수 있을 것입니다.

『하나님 나라를 품은 공동체』는 교회의 두 번째 차원인
공동체로서의 교회를 보다 온전한 하나님 나라의 공동체로
빚어 가도록 합니다. 하나님 나라의 비전으로 하나 되고비전
공동체, 신앙의 언어를 통해 성장하며이야기 공동체, 예배 안에서
거룩을 경험하여 일상으로 확장시키고예배 공동체, 하나님 나
라의 방식을 삶으로 일구어 나가는 제자로서의 삶을 살도록
격려합니다제자 공동체.

『세상의 선물이 되는 교회』는 교회의 세 번째 차원, 곧
지역과 사회의 일원이자 세상의 빛과 소금으로서 부르심에
합당한 교회에 대한 내용입니다. 지역을 향한 '사명'을 인식
하고, '이웃'과 함께 성장하며, 지역 안에서 '변화'된 교회를
통하여 하나님 나라가 임하기를 '희망'합니다.

네 권의 책은 서로 긴밀하게 연결되어 있으며 모든 내용은 최종적으로 온전한 신앙인 됨과 교회됨을 지향합니다.

성경은 '온전한 신앙인 됨'과 '온전한 교회됨'이 하나님 나라와 그 시민 됨에 속해 있음을 전제합니다. 《건강한 교회 세우기》 시리즈를 중심으로 한 다양한 모임이 만들어지고, 이를 통하여 **하나님 나라를 향한 교회 바로 세우기**에 동참함으로써 사회와 다음 세대에 희망을 불어넣는 신앙인과 교회가 되기를 소망합니다.

임성빈

이 책의 활용법

✳

1. 하나님의 선물인 우리 교회가 더욱 교회다움을 회복하고 그 교회를 이루는 우리가 더욱 신앙인다워지기를 바라며 기도하는 마음으로 읽기를 바랍니다. 그 과정에서 주님이 주시는 마음이 있다면 책이나 노트에 기록해도 좋습니다.

2. 혼자 읽어도 좋지만 최소 두 사람 이상 참석하는 모임이나 교회 공동체에서 함께 읽고 나누기를 권합니다. 특별히 소그룹 리더 모임, (예비)중직자 훈련 및 재교육 모임에서 사용한다면 이 시대를 향한 하나님의 뜻을 발견하고 교회를 더욱 건실히 세우는 데 도움이 될 것입니다.

3. 모임에서 책을 사용할 경우 다음 몇 가지를 참고하면 좋습니다.

● **준비**

인도자

· 《건강한 교회 세우기》 시리즈 중 이론편 『하나님 나라, 공동선, 교회』를 통해 하나님 나라 신학과 공동선에 대한 이해를 다지고, 수록된 '교회의 건강성 측정을 위한 조사' 설문을 실행하여 그 결과를 교육 방향과 연계해 이 책의 내용을 더욱 심도 깊게 나눌 수 있습니다(이 책 각 장의 '연관 설문' 참조).

· QR코드를 통해 〈한국교회 희망 프로젝트〉 사이트로 오셔서 컨설팅을 신청하시면 설문 분석 및 향후 목회 계획 수립에 도움을 드립니다.

참여자

· 이 책의 본문을 미리 읽고 각자 떠오른 생각과 질문에 대한 답을 정리해 오면 좋습니다.

● 진행

인도자

· 각 장을 한 번 혹은 두 번에 나누어 공동체 상황에 맞게 교육 모임을 진행할 수 있습니다.

· 인도자는 책의 내용을 요약한 후 몇 개의 질문을[저자가 중요하다고 표기(♣)한 질문을 중심으로 선별해 나누거나 모든 질문을 다뤄도 좋습니다.] 토의 주제로 선정해 참여자들이 자유롭게 이야기할 수 있도록 돕습니다.

· 참여자들이 토론할 때, 개인의 주장을 펴기보다 서로 지혜를 모으고 대화하는 것이 중요합니다. 따라서 인도자는 일방적으로 지식을 전달하고 해답을 주는 '선생님'이 아니라 소외되는 사람이 없는지 살피고 다양한 의견들이 어우러질 수 있게 돕는 '중재자'로 존재합니다.

다함께

· 토의하며 이야기한 내용을 비밀로 지켜 주세요. 이 신뢰가 있어야 솔직하게 나눌 수 있습니다.

· 모두에게 이야기할 기회를 주세요. 골고루 논의에 참여할 때 서

로에 대한 이해와 배움이 깊어질 것입니다.

- 다른 사람의 이야기에 귀 기울여 주세요. 나와 의견이 다르더라도 존중해 주세요.

이 책을 읽을 때 이 세상과 교회를 향한 하나님의 뜻과 비전을 발견하고, 우리의 신앙과 한국교회에 새로운 변화가 시작되기를 바랍니다.

소개의 글

교회,
세상의 희망이 되다

"세상의 선물이 되는 교회", 듣기만 해도 가슴이 벅차오르는 말입니다. 이천 년 교회의 역사 속에서 교회는 세상의 선물이었습니다. 교회가 들어가는 곳마다 교회 공동체는 세상을 바꾸고, 지역과 사회, 세상의 희망이 되려고 하였습니다. 한국 초대교회만 해도, 성도와 교회는 사회를 새롭게 하는 변화의 수원지 역할을 하였습니다. 그것이 교회의 모습이었습니다. 신실한 교회는 그 교회를 이루는 성도부터 그 교회가 있는 지역까지 세상을 변화시키는 주체가 됩니다.

이 시대에 교회가 세상을 변화시키기 위해서는 공동선 common good에 관심을 가질 필요가 있습니다. 공동선이란 모든 사람을 위하여 함께 만들어 가야 할 선한 일을 말합니다. 공동선을 추구하는 마음과 행동이 모여 세상은 어제보다 오늘 조금 더 따뜻한 곳, 살 만한 곳이 됩니다. "하나님이 그 해를 악인과 선인에게 비추시며 비를 의로운 자와 불의한 자에게 내려주"(마 5:45b)시듯 하나님의 돌보심은 모든 사람에게 임합니다. 교회는 사회의 구성원으로서 사회의 선을 증진시키는 적극적 주체여야 합니다. 이 책에서는 이러한 사명을 되새기면서 세상의 선물이 되는 교회, 세상의 선물이 되는 교회의 과제를 생각해 보려고 합니다.

1장 '사명: 교회, 섬기기 위해 세워지다'에서는 그리스도인과 교회를 향한 하나님의 부르심이 공동선을 추구하는 것과 관련이 있음을 알게 됩니다. 이를 통해 세상을 복되게 하려고 부르신 교회의 과제를 깨달을 수 있습니다. 2장 '이웃: 교회, 지역과 함께 성장하다'에서는 지역과 함께 성장하는 교회를 살펴봅니다. 세상의 희망이 되는 교회는 우리가 머무는 지역과 공동체의 희망이 됨을 기억하는 시간입니다. 3장 '변화: 교회, 하나님 나라를 맛보는 곳'에서는 이렇듯 세상의 소망이 되는 교회는 먼저 내부적으로 세상의 희망이 되는 좋은 문화를 일구어 가야 함을 보게 됩니다. 여기서 '좋은 문화'란 여성, 청년, 장애인 등 교회의 다양한 구성원 모두가 함께하고 참여하는 문화입니다. 본보기가 될 만한 몇 가지 사례를 통해 우리가 만들고 지향해야 할 교회의 모습을 생각해 봅니다. **4장** '희망: 교회, 하나님 나라가 임하는 통로'에서는 교회가 세상의 선물이 되어 교회 밖 세상의 문화를 바꾸어 가는 모습을 통해 교회가 바라보아야 할 하나님 나라의 넓은 지평을 마주하게 될 것입니다.

끝으로 **시리즈 맺음말**인 '마치며: 성도다운 성도, 교회다운 교회'에서 《건강한 교회 세우기》 실전편 세 권의 여정을 정리합니다. 끝은 언제나 새로운 시작이듯, 앞으로 성도다운 성도, 교회다운 교회를 꿈꾸며 각자의 공동체 안에서 건강한 교회를 만들어 갈 수 있기를 희망합니다.

백광훈, 김지혜

1장

✳

사명
━━━━━━━━━━━

교회,
섬기기 위해
세워지다

한눈에 읽기

교회는 무엇을 위해 부름받았을까요? 교회는 세상에 복음을 전하는 신앙 공동체이자 동시에 세상을 복되게 하는 존재로 부름받았습니다. 그것은 공동선을 추구하는 책임이 있다는 말과도 같습니다.

이번 장에서는 교회의 사명이 세상을 섬기는 것임을 알고 그 사명을 감당하기 위해 가져야 할 첫 번째 핵심 역량, 공동선 추구에 대해 알아 갑니다. 공동선은 모두에게 좋은 것입니다. 성도뿐만 아니라 이웃의 삶을 더 좋게 만들고 세상이 건강하게 번영하도록 이끕니다.

키워드

#공동선 #교회의_사명 #하나님_나라

연관 설문

'교회의 건강성 측정을 위한 조사' 65, 65-1번

◆ 사명 ◆

교회,
섬기기 위해 세워지다

"이같이 한즉 하늘에 계신 너희 아버지의 아들이 되리니
이는 하나님이 그 해를 악인과 선인에게 비추시며
비를 의로운 자와 불의한 자에게 내려주심이라"

마 5:45

✤ 공동선이란 무엇인가

초대교회에는 교회 공동체만의 여러 관습이 있었습니다. 자주 만나고, 함께 식사하며, 말씀을 암송하는 것들입니다. 그런데 이처럼 공동체 구성원들이 결속하고 구성원의 믿음을 성장시키기 위한 일들뿐 아니라 동네의 가난한 사람과 환자, 옥에 갇힌 이들을 찾아가고, 궁핍한 자들에게 먹을 것과

입을 것을 제공하는 공동기금에 기부하는 일 등 공동체에 속하지 않은 사람들을 위한 봉사와 섬김을 펼치기도 했습니다.[1] 주후 1세기 말, 교회의 초기문서인 바나바 서신에는 다음과 같은 말이 나옵니다. "당신이 이미 의로워진 양 자신에게만 갇혀서 고립된 삶을 살아서는 안 된다. 오히려 함께 모여 공동선을 추구하라."[2]

공동선common god, 共同善은 하나님 나라의 가치를 전할 때 세상이 이해하기 쉽도록 '번역'하기에 가장 적절한 단어입니다. 쉽게 말하면, **모든 사람의 유익**입니다. 개인과 집단 모두에게 선이 되는 것을 함께 추구할 때, 그 선이 바로 공동선이 됩니다. 우리에게 주신 두 가지 큰 계명이 하나님 사랑과 이웃 사랑인데, 교회의 울타리를 넘고, 신자와 비신자의 경계를 넘어서 하나님 나라의 실현과 세상의 번영, 행복을 위하여 이웃 사랑을 실천하면 공동선을 이룰 수 있습니다.

공동선: 사회 공동체 전체를 위한 선으로, 함께 사는 모든 것의 번영과 행복

세상의 선물이 되는 교회

✤ 공동선과 교회의 사명

5세기 초 콘스탄티노플의 유명한 설교자 요한네스 크리소스토무스J. Chrisostomus도 공동선에 대해 이렇게 가르쳤습니다. "공동선의 추구는 가장 완벽한 기독교 규율이자 가장 정확한 정의요 그 정점이다. (…) 자기 이웃을 돌보는 일만큼 한 사람을 그리스도 닮게 만드는 일도 없기 때문이다."[3]

초대교회는 공동선을 사명으로 여겼습니다. 이러한 초대교회의 특징을 가장 잘 보여 주는 사례는 로마에 전염병이 돌았을 때의 일입니다. 초대교회를 연구한 로드니 스타크Rodney Stark는 『기독교의 발흥』The Rise of Christianity에서 로마에 전염병이 돌 때 그리스도인들이 발 벗고 나섰다고 말합니다.

165년 겨울에 시작된 역병은 자그마치 15년 동안 로마 전역으로 확산되었는데, 정확하게 알 수는 없지만 추정컨대 로마 제국의 4분의 1 이상이 목숨을 잃었고 마지막 즈음에는 중국에까지 전파될 정도로 심각한 상황이었다고 전해집니다. 그런데 백 년도 채 지나지 않은 249년, 다시 역병이 번지기 시작했습니다. 이전보다 높은 치사율로 13년 동안 사람들은 공포와 불안 가운데 살아야 했습니다. 당시에는 환자를 격리하고, 가족이나 이웃들도 안전한 곳으로 피하는 것을 최선이라 여겼습니다. 홀로 남은 환자들은 고독하게 고통 속에서 죽음을 맞이하는 수밖에 없었습니다.

그런데 교회는 도망가지 않았습니다. 그리스도인들은 감염과 죽음을 두려워하지 않고 환자들을 돌보았습니다. 질병을 사랑과 돌봄을 통해 극복해야 한다고 믿었던 것입니다. 그들은 그리스도인과 초대교회 공동체 구성원만이 아니라 교회 밖 이방인, 이교도들에게도 동일한 배려의 손길을 내밀었습니다. 이러한 모습을 지켜본 사람들은 교회 공동체를 '파라볼라노이'παραβολάνοι 즉, '위험을 무릅쓰는 자들'이라고 불렀습니다. 그리스도인들이 죽음의 위협 속에서도 이웃 사랑을 실천했다는 중요한 증거입니다.

결과적으로 당시 그리스도인이 거주하는 지역의 사망률이 다른 지역의 사망률보다 낮았습니다. 물과 음식을 제공하는 기본적인 간호만으로도 건강을 회복할 수 있었던 것입니다. 이러한 그리스도인들의 모습은 비그리스도인들에게 깊은 감동을 주었습니다. 그리고 로마가 기독교로 개종하는 과정이 원활하게 이루어지는 데 적잖은 영향을 미쳤습니다.

세상의 선물이 되는 교회

✤ 세상과 구별되지만 세상의 일부인 교회

이천 년의 시간이 흘러 우리는 코로나19 팬데믹을 맞았습니다. 그리고 인류는 '연결'이라는 개념을 배웠습니다. 지구 안에 있는 모든 것이 서로 영향을 주고받는다는 것입니다. 코로나19 바이러스 출현의 정확한 이유는 밝혀지지 않았지만, 인간의 무분별한 개발로 인해 자연 세계에 존재해야 할 바이러스가 인류에게 옮겨져 생겨난 문제라는 것이 전문가들의 일반적인 진단입니다. "지구 생태계"라는 말이 그야말로 와닿습니다. 『면역에 관하여』*On Immunity*를 쓴 율라 비스 *Eula Bis*는 '우리는 서로의 환경'이라고 말합니다. 우리 각자가 서로에게 연결되어 있고 영향을 주고받는 존재임을 뜻합니다.

교회 공동체도 깨달았습니다. 코로나19 바이러스로부터 안전한 교회가 되는 것이 곧 이웃과 공동체를 살리는 교회가 된다는 것을 말입니다. 교회는 세상과 구별되지만 세상의 일부입니다. 교회와 세상은 서로 연결되어 있는 하나의 생명 공동체입니다. 교회는 세상과 지역 속에서 일종의 환경이 됩니다. 세상에 있는 것들에 영향을 주는 존재라는 뜻입니다. 따라서 우리는 하나님의 뜻을 분별하며 하나님 나라를 위하여 살되 주변 이웃, 시민, 공동체, 심지어 생태계에 존재하는 모든 것을 고려하고 행동해야 합니다.

2020년 12월 정부가 코로나19 확진자 수용 병상을 확보하기 위해 총력전을 펼치고 있을 때, 소망교회는 종교시설 최초로 소망교회가 운영하는 경기도 곤지암 소재 소망수양관을 코로나19 경증환자를 위한 생활치료시설로 제공했습니다. 김경진 담임목사는 교회에 보내는 목회서신에서 "최근 수도권 코로나19 확진자가 늘어나 병상 확보에 어려움을 겪고 있는 상황에서 고통당하는 이웃의 아픔을 외면할 수 없었다"라며 교회가 공동체의 선을 위해 행동할 수 있어야 한다고 성도들을 설득했습니다. 사실 코로나19 바이러스가 급속히 확산될 때 교회 시설을 내어놓는다는 것은 쉽지 않은 일이었습니다. 수양관은 소망교회 성도뿐만 아니라 한국의 다른 교회 교인들의 신앙 형성 및 경건 훈련 장소로도 쓰이기 때문에 고민이 많을 수밖에 없었습니다. 서울 시내 대학의 기숙사도 학생의 학습권 등을 이유로 난색을 표명하는 상황에서 소망교회는 어려운 이들과 공동체를 외면해서는 안 된다는 마음으로 수양관을 격리 시설로 내놓았습니

세상의 선물이 되는 교회

다. 소망수양관은 2020년 12월 9일부터 2022년 4월 22일까지, 1년 5개월 동안 4,151명의 코로나19 환자들의 치료를 도왔습니다.

소망수양관을 시작으로 사랑의교회, 여의도순복음교회, 강남침례교회 등 한국의 여러 교회들이 수양관과 기도원 등을 코로나19 환자들의 생활치료와 자가격리자 임시생활시설로 내놓았습니다. 팬데믹 확산의 도화선이 되었던 신천지 사례로 인해 종교 모임에 대한 불신이 커지는 상황에서, 교회가 봉사와 섬김에 앞장서는 모습은 교회의 존재 의미와 시대적 사명에 대해 다시금 생각하게 하는 계기가 되었습니다.

묵상과 토론을 위한 질문

✦ 공동선이 그리스도인과 교회가 추구해야 할 사명이란 이야기를 들어 본 적이 있나요? 혹 들어 본 적이 없다면 이유는 무엇이라 생각하나요?

✦ 교회가 세상과 구별되지만 세상의 일부라는 말은 어떻게 이해하면 좋을까요?

✢ 공동선과 건강한 교회

역사 속에서 한국교회는 다양한 모습으로 섬김을 실천해 왔습니다. 19세기 말, 초기 한국 선교사들은 교육, 의료 등의 선교 사역을 통해 수많은 사람들이 구원의 기쁨을 맛보도록 했고, 교회는 선교사들의 정신을 이어받아 구제 사역으로 복지의 사각지대에 있던 이들을 돌보고 보살펴 왔습니다. 근대화와 독립 운동, 그리고 민주화 운동에 이르기까지 사회 각지에서 공헌하였던 한국교회의 역사는 우리의 긍지이기도 합니다.

하지만 오늘날은 많은 사람들이 한국교회의 사회 기여를 부정적으로 여기고 있습니다. 2023년에 실시한 기독교윤리실천운동 조사[4]에 따르면, 한국교회가 우리 사회에 기여하고 있는지에 대한 질문에 10명 중 7명이 '기여하고 있지 않다'(70.8%)라고 응답했습니다. '부패방지', '사회통합', '남북화해' 영역에서는 오히려 도움이 되지 않는다는 대답이 10명 중 8명에 이릅니다. 그뿐만 아니라 사람들은 교회를 이기적이라고 여기기도 했습니다. 국민의 절반 이상(60%)이 '사회 공동의 이익'과 '교회의 교리'가 충돌할 때 한국교회는 사회의 유익보다 교회 내적인 교리를 더 중요하게 여긴다고 평가했으며, 한국교회의 사회적인 신뢰도를 높이기 위해 우선적으로 개선할 부분에 대해서는 '교회 이기주의'(34.2%)라는 대답이 가장 많았습니다. 이러한 결과는 우리의 모습을 돌아보게 합니다.

〈한국교회 희망 프로젝트〉가 지앤컴리서치에 의뢰해 시행한 설문조사 '교회의 건강성 측정을 위한 조사'에서 교회를 '개인으로서의 교회'(개인 차원-하나님과의 관계), '공동체로서의 교회'(공동체 차원), '제도와 사회구성원으로서의 교회'(사회구성원 차원)으로 구분하고, 교회가 건강하려면 그중 무엇이 가장 중요한지 물어봤습니다. 그 결과를 담은 「한국교회 건강성 분석 리포트」[5]를 보면, 출석 교회가 있는 그리스도인들은 개인적인 차원에서의 교회(48.4%)와 공동체로서의 교회(36.5%)를 중요하게 여기며 상대적으로 사회구성원으로서의 교회(15.1%)에 대한 인식은 낮은 것으로 나타났습니다.[6]

• 건강한 교회의 세 차원 •

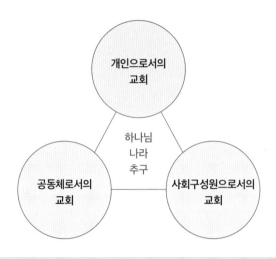

기성 교회에 출석하지 않는 가나안 성도들에게서도 비슷한 결과가 나타납니다. 다만, 가나안 성도들은 개인 차원이나 공동체 차원보다 사회구성원으로서의 교회 역할에 좀 더 비중을 두고 있습니다. 교회가 건강하려면 교회의 사회적 역할이 중요하다는 것을 교회에 출석하는 성도들보다 크게 인식하고 있다는 것입니다.

세상의 선물이 되는 교회

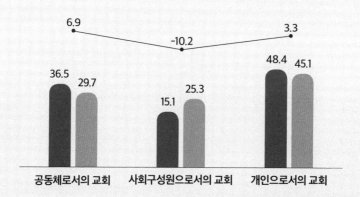

• 교회의 세 차원 중요도(가중치) 비교(%) •

■ 교회 출석자   ■ 가나안 성도   ← 점수 차

6.9

-10.2

3.3

36.5   29.7

15.1   25.3

48.4   45.1

공동체로서의 교회   사회구성원으로서의 교회   개인으로서의 교회

한국교회 희망 프로젝트, '교회의 건강성 측정을 위한 조사', 2022년 4월 21~25일 전국의 성인 교회 출석자 1,000명과 7월 29일~8월 12일 전국의 성인 가나안 성도 300명 대상.

✦ 세상을 복되게 하는 교회

하나님은 믿음의 조상 아브라함에게 소명을 주셨습니다.

> "여호와께서 아브람에게 이르시되 너는 너의 고향과 친척
> 과 아버지의 집을 떠나 내가 네게 보여 줄 땅으로 가라 내
> 가 너로 큰 민족을 이루고 네게 복을 주어 네 이름을 창대하
> 게 하리니 너는 복이 될지라 너를 축복하는 자에게는 내가
> 복을 내리고 너를 저주하는 자에게는 내가 저주하리니 **땅
> 의 모든 족속이 너로 말미암아 복을 얻을 것이라** 하신지라"(창
> 12:1-3)

아브라함을 부르신 사건은 그와 그의 가정만을 위한 사적인
것이 아니라 세상으로 하여금 복을 받게 하시려는 **공적인 선
택**의 사건이라고 말할 수 있습니다. 나아가 성경은 믿음의
사람들이 모인 공동체이자 사회의 일원으로서 교회 또한 세
상을 복되게 할 **공적 사명**을 감당해야 함을 말씀합니다. 모
세오경과 예수님의 말씀에서 사회구성원으로서 교회의 존
재 방식에 대해 살펴볼 수 있습니다.

세상의 선물이 되는 교회

1. 창조 명령: 세상을 향한 하나님의 관심

"생육하고 번성하여 땅에 충만하라"(창 1:28b)는 말씀은 하나님이 인간에게 주신 최초의 명령입니다. 이 하나님의 명령은 "땅의 모든 피조물과 자원을 선한 목적을 위해 관리할 것", 다시 말해 "그들의 아름다움이 번성하게 하고, 그들을 현명하고 자비롭게 사용하며, 모두의 행복을 위하"[7]라는 의미입니다. 이 말씀은 **하나님이 영적 세계뿐 아니라 물리적인 세상에도 관심을 가지신다**는 것을 보여 줍니다. 창조주 하나님은 세상이 번성하도록 의도하셨으며 창조 본연의 아름다움을 이루기를 원하셨습니다. 이를 위해 인간에게 세상을 다스리는 힘과 능력을 주셨습니다.

마르틴 루터Martin Luther는 "농부, 철공업자, 주석을 다루는 사람 각각은 그의 무역의 직책과 그 일을 갖는다. 그리고 그들은 모두 성스러운 제사장, 그리고 감독과 같다. 모든 사람은 그 자신의 일과 직무에 의하여 다른 사람을 섬기고 유익하게 한다. 이 방식 안에서 일의 많은 종류들이 마치 몸의 모든 멤버가 서로 간에 섬기듯이 공동체의 영적 복지를 위하여 이뤄질 것이다"라고 말했습니다.

하나님이 세상에 관심을 가지고 계신다면, 우리 또한

그러해야 합니다. 우리에게 맡겨진 모든 것의 **청지기**가 되어 선하고 아름다운 것들을 창조하고 번영하도록 힘써야 합니다.

2. 율법: 개인의 경건을 넘어서는 공공성

이집트에서 종살이하던 이스라엘 백성이 탈출하여 가나안 땅에 들어갈 때, 하나님은 그들에게 하나님의 백성이라는 새로운 존재의 삶의 방식을 담아 율법을 주셨습니다. 이 법은 개인의 이익과 권력을 위하여 다른 이들을 물건처럼 대하는 대신, 이웃과 함께 사는 방법에 대한 내용으로 채워져 있습니다.

신명기서에 나온 빚 탕감, 이자 받지 말 것, 빌려줄 때 담보 받지 말 것, 품삯을 미루지 말 것, 나그네와 고아 등을 불의하게 대하지 말 것에 대한 율법은 하나님의 백성은 이웃에게 배려와 돌봄, 사랑을 베풀어야 함을 말해 줍니다. 심지어 율법은 가축을 적절하게 쉬게 하고 동물 학대를 금지하는 등 땅의 모든 피조물까지 보살필 것을 말하고 있습니다 (신 22:10; 25:4). 이처럼 율법은 개인적 경건에 관한 내용만이 아니라 **이웃, 공동체, 피조물 모두를 생각하고 살피는**

세상의 선물이 되는 교회

공공성publicness, 公共性을 지니고 있습니다.

3. 빛과 소금: 세상을 위해 필요한 존재

신약 시대에 이르러, 하나님 나라 복음을 말씀하신 예수님은 제자들과 무리들에게 "너희는 세상의 소금과 빛"(마 5:13-14)이라고 하셨습니다.

소금의 역할은 무엇입니까? 음식에 맛을 더해 주고 부패를 막습니다. 그리스도인이 소금의 역할을 한다면, 성도와 교회가 있는 곳은 맛깔나지며 썩지 않게 될 것입니다. 불의와 불법이 사라질 것입니다. 빛의 역할은 무엇입니까? 어두운 곳을 밝게 비추어 어두움 속에 있던 사람들에게 희망을 주고 삶의 방향을 보여 줍니다. **그리스도인의 정체성**이 "소금과 빛"이라는 것은 바로 이것을 의미합니다.

예수님은 "인자가 온 것은 섬김을 받으려 함이 아니라 도리어 섬기려 하고 자기 목숨을 많은 사람의 대속물로 주려 함이니라"(막 10:45)고 하셨습니다. 복음을 받아들인다는 것은 예수님이 이 땅을 구원하기 위해 오신 하나님의 아들임을 인정하는 것이며, 동시에 그분을 따르는 삶을 말합니다. 이것은 **이웃 사랑과 섬김**으로 나타납니다.

4. 샬롬: 모두를 위한 공동선의 비전

예수님은 산상수훈에서 "화평하게 하는 자는 복이 있나니 그들이 하나님의 아들이라 일컬음을 받을 것"(마 5:9)이라고 하셨습니다. '화평하게 하는 자'peacemaker라는 단어는 평화를 뜻하는 '에이레네'eirēnē에서 나왔습니다. 그리고 이 에이레네는 히브리어 '샬롬'שָׁלוֹם을 헬라어로 번역한 것입니다.

하나 됨, 조화, 평화를 뜻하는 샬롬은 하나님, 나, 이웃이 하나로 이어지고, 나아가 동식물, 자연 생태계까지 포괄한 모든 것이 유쾌한 상태를 가리킵니다. 이 세계에서 단순히 폭력과 전쟁이 없는 정도가 아니라, 인간의 행복을 위해 필요한 모든 것, 곧 안전과 안정, 사랑과 관계, 좋은 일자리와 집, 몸과 마음의 건강 등이 충족되어 공동선이 이루어진 상태입니다.[8]

이것은 후에 하나님의 자녀라 일컬음을 받는 교회가 무엇을 추구할 것인가를 암시합니다. 나만 잘 사는 것이 아니라 모두가 함께 잘 사는 삶을 위해 적극적으로 평화와 정의를 구현하는 것입니다. 예수님을 따라 이웃을 사랑하고 섬기는 것은 나와 가족, 내가 속한 공동체의 울타리를 넘어 **이웃과 모두의 샬롬을 위해 공동선을 추구**하는 모습으로 나타납니다. 이때, 사랑과 섬김의 대상은 믿는 사람만이 아닙니다. **모두입니다.**

공공성과 공동선: 공공성과 공동선은 복잡한 현대 사회에서 다양한 사람들이 함께 살아가기 위해 필요한 두 축입니다. 공공성과 공동선 모두 특정한 개인이나 단체에 국한되지 않고 사회구성원 전체에 두루 관계됩니다.
공공성이 사유화하거나 배제하지 않고 여럿이 함께하는 성질이라면, 공동선은 공동의 이익을 위해 추구하는 선하고 좋은 가치입니다. 개별과 전체, 사적인 것과 공적인 것을 조화롭게 아우릅니다.

교회 주차장과
공동선

미국의 생물학자 개럿 하딘Garrett Hardin이 1968년 과학잡지 「사이언스」에 "공유지의 비극"Tragedy of the Commons이란 논문을 발표했습니다. 논문의 요지는 사람들이 함께 쓰는 공유지(공동으로 사용하는 땅)를 개인의 이익에 따라 사용할 때 결국 황폐해진다는 것입니다. 과도한 목축과 농사로 사막이 된 사하라 사막이 대표적인 예입니다. 집보다 공용 화장실이 쉽게 지저분해지는 것도 마찬가지입니다.

교회가 공동선을 위해 교회 공간과 주차장 공간을 누구

나 이용할 수 있도록 개방하는 경우가 많습니다. 하지만 이 경우, 현실적으로 장기 주차나 쓰레기 무단 투척 등 본래 취지가 훼손되고 관리자의 책임이 가중되는 일들이 왕왕 벌어지곤 합니다. 이러한 사례가 한 신문에 실렸습니다.

"경기도 A교회는 2012년부터 주민들을 위해 40여 대를 주차할 수 있는 9941㎡(약 300평) 넓이의 주차장을 주중에 개방했다가 최근 난감한 상황에 맞닥뜨렸다. 시간이 지나면서 주민이 아닌 회사원들이 주차장을 이용하는 사례가 부쩍 늘었기 때문이다. (…)

A교회 담임목사는 21일 국민일보와의 통화에서 "주민을 위한 공간으로 개방했는데 주민이 사용하지 못하는 형편"이라면서 "담배꽁초나 쓰레기, 심지어 가구 같은 폐기물을 주차장에 버리고 가는 경우도 있다"고 말했다. 이어 "심지어 주일에 차를 빼 달라고 연락해도 나타나지 않는 이들도 서너 명이나 된다"면서 "교회 직원들이 주차장을 관리하느라 너무 큰 고생을 하고 있어 결국 차단기 설치를 검토하고 있다"고 설명했다."[9]

교회가 공간을 개방할 때 겪는 어려움은 '공유지의 비극'에서 비롯됩니다. 인간의 죄성, 곧 이기심을 따라 행동하는 본성은 모두를 위한 선, 곧 공동선을 이루는 데 난관으로 작용하기 마련입니다. 학자들은 사유화, 정부의 강제력, 공동체적 해법이라는 세 가지 대안을 제시합니다. 이를 교회에 적용한다면 다음과 같이 제안할 수 있습니다.

주차장 개방 중단

● "30년 전 교회를 건축하면서 주중에 교회 주차장을 개방하기로 주민과 약속했지만, 주일에도 개인 주차장처럼 사용하는 주민이 늘면서 결국 주차장 개방을 중단해야 했어요."(B교회)

지자체와 협력해 공영 주차장으로 전환

● "주차장이 생기고 나서 계속 개방을 했습니다. 그럼에도 무질서하게 운영되어 어려움이 있었는데, 행정적 지원을 받아서 운영하니 이용하는 주민들도 편리하고, 교회 입장에서도 관리하기가 아주 용이합니다."(C교회)[10]

지역 공동체 주민의 상호신뢰와 협조 의지에 기반한 자율적 관리

● "우리 교회 주차장은 365일 완전 개방이 원칙입니다. 주민들에게 낮에는 인근 초등학교 학부모들이 이용할 수 있도록 양보하고 밤에 주차하라고 안내합니다. 그런데 지난 성탄절을 전후해 전화번호 없이 이동 주차를 부탁한다는 메모만 남기고 6일 동안 주차한 차가 있습니다. 곤란했지만 이럴만한 사정이 있겠지 생각했습니다. 종종 이런 어려움이 생깁니다. 교인들이 주일에도 인근 초등학교에 주차하는 등 다소 불편하지만, 주차장을 개방한 취지에 공감해 주십니다. 앞으로도 개방하는 원칙에는 변함이 없습니다."(D교회)[11]

✦ 이 글에서 가장 인상적으로 다가온 것은 무엇인가요?

✦ 공동선을 이루고자 할 때 부딪히는 여러 어려움이 있습니다. 여러분의 교회는 어떠합니까?

✦ 우리 교회의 주차(장) 문제와 관련하여 공동선을 이루는 가장 적절한 방법은 무엇이라고 생각하나요?

✛ 오늘날 우리의 신앙, 그리고 교회는?

• 하나님 나라의 공동선 •

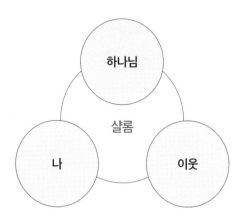

그리스도인들은 사회 속에서 살아가며, 교회는 지역 속에서 존재합니다. 그리스도인이 공동선에 대해 인식하고 있으면 하나님, 나, 이웃이 하나로 이어지는 거대하고 아름다운 전망을 갖게 됩니다. 공동선의 추구는 모든 구성원의 영적, 정치적, 사회적, 육체적 안녕이라는 온전한 샬롬을 추구하는 것으로 이어집니다. 이것이 성경이 말하는 **하나님 나라의 공동선**입니다. 그리스도인들과 교회 공동체의 활동은 이러한

세상의 선물이 되는 교회

공동선을 증진하는 데까지 확장되고 이어져야 합니다.

교회와 그리스도인이 공동선을 추구한다는 것은 복음을 전하는 일을 넘어 모든 사람이 잘 살아갈 수 있도록 돕는 일입니다. 가난한 사람, 억눌린 사람, 아파하는 사람을 돌보고, 갈등이 있는 곳에 화해와 평화를 증진하며, 하나님이 창조하신 이 세상의 모든 존재가 잘 살아갈 수 있도록 힘을 모으는 것입니다. 이를 위해 그리스도인 개인은 자신의 일터에서 선한 일을 행하기 위해 힘쓰고, 사회구성원으로서 교회는 이웃 사랑을 실천하며 교회의 인적·물적 자원을 사용하고 세상의 법과 제도들을 통해 선을 증진시킬 수 있도록 애씁니다.

오늘날, 사람들은 흔히 교회의 비전이 내부지향적이라고 말합니다. 그리스도인과 교회가 복음이 지닌 사회적 비전을 상실했다는 것입니다. 그러나 그리스도인과 교회는 사회의 구성원으로 존재해야 합니다. 이 말은 곧, 교회가 사회의 일원으로서 이 땅과 공동체를 복되게 만들기 위해 힘써야 한다는 의미입니다. 교회가 사회구성원으로서의 역할을 충실히 해낼 때, 그리스도인과 교회는 세상에서 존경을 받게 될 것입니다.

묵상과 토론을 위한 질문

✦ 세상은 사회구성원으로서의 교회를 어떻게 인식하고 있다고 생각하나요? 왜 그런지 이야기해 봅시다.

✧ 성경은 사회구성원으로서 교회의 사명을 어떻게 말씀하나요?

- 창조 명령을 통해:

- 율법을 통해:

- 예수님의 말씀을 통해:

✧ 교회 주변 지역 주민 몇 사람에게 동네에서 우리 교회가 어떤 존재인지, 필요한 것이 무엇인지 물어보고 87쪽 첫 번째 질문에 답해 보세요. 다음 시간에 그 내용을 나눕니다.

세상의 선물이 되는 교회

▶ 찬양

내 눈 주의 영광을 보네 _작사·곡 고형원

▶ 함께 기도합니다

자비하신 주님, 우리를 주의 자녀로 불러 주시니 감사합니다. 세상을 복되게 하고 이롭게 하는 선한 일꾼으로 불러 주셨으니, 우리 성도들 한 사람 한 사람과 주의 교회가 하나님이 독생자를 주기까지 사랑하신 이 세상을 "보시기에 좋은 곳"으로 만들어 가게 하소서. 예수님의 이름으로 기도합니다. 아멘.

2장

이웃

교회,
지역과 함께
성장하다

한눈에 읽기

교회가 공동선을 추구하는 자리는 먼저 지역이어야 합니다. 교회는 외딴 무인도처럼 존재하지 않습니다. 교회가 지역에 세워진 이유는 지역을 섬기기 위해서입니다. 교회는 사회의 한 구성원으로서 지역이 필요로 하는 것을 파악하고 지역에 하나님의 샬롬이 임하도록 힘써야 합니다. 앞서 이웃을 향한 교회의 공적 사명에 대해 살펴봤다면, 2장에서는 보다 구체적으로 교회가 어떻게 지역을 섬기고 함께 번영할 수 있을지 생각해 봅니다.

키워드

#연결 #건강한_교회 #지역의_번영

연관 설문

'교회의 건강성 측정을 위한 조사' 공동체 차원 14번, 사회구성원 차원 24, 25번

교회,
지역과 함께 성장하다

✿

"성도를 온전하게 하여 봉사의 일을 하게 하며
그리스도의 몸을 세우려 하심이라"

엡 4:12

✤ 나무처럼 서로 연결된 존재

오랫동안 환경학자들은 한 그루 나무들이 숲에서 섬처럼 독립적으로 살아간다고 생각했습니다. 그리고 승자독식 구조를 통해 한정된 물과 양분을 차지한다고 여겼습니다. 그런데 이런 시각이 변하고 있습니다. 저명한 캐나다의 산림학자 수잔 시마드Suzanne Simard가 숲속 나무들이 땅속에서 서

로 연결되어 양분과 정보를 주고받는다는 사실을 발견한 것입니다. 그는 햇빛이 충분하지 않거나 잎이 부족해 광합성을 할 수 없을 때, 자작나무와 전나무가 활발하게 대화하며 뿌리로 탄소를 주고받는 것을 확인했습니다. 시마드는 나무들이 서로 소통하면서 숲 전체가 하나의 생명체처럼 움직이게 한다고 말합니다.[1]

산림의 영역만 그럴까요? 사회 공동체 역시 마찬가지입니다. 우리가 살아가는 지역은 하나의 유기적 공동체로서 공동체를 구성하는 사람과 자원들이 연결되어 있으며 서로

세상의 선물이 되는 교회

영향을 주고받습니다. 교회 또한 지역과 연결된 존재입니다. 지역사회 사람들의 상당수가 교회의 구성원이고, 이는 달리 생각하면 교인이 그 지역사회에 파송되어 살아감을 뜻합니다. 즉, 교회와 지역 공동체는 분리할 수 없습니다.

그러므로 교회와 지역은 더불어 성장해야 합니다. 서로 연결되어 있기에 교회 공동체의 성장은 지역 공동체의 성장이어야 합니다. 더욱이 교회 공동체는 교회 자신만의 성장을 위해 부름받지 않았습니다. 교회는 궁극적으로 **세상을 위해서** 부름받은 존재입니다. 지금 그곳에 교회가 존재하는 이유는 그 지역에서 해야 할 일이 있어서입니다. 지역 문제들에 관심을 갖고, 보다 살기 좋은 지역사회가 될 수 있도록 돕는 것이 교회의 역할입니다. 교회는 지역이 꼭 필요로 하는 공동체, 사라지면 지역 사람들이 아쉬워하는 존재, 지역과 함께 성장하는 집단이 되어야 합니다.

"교회는 자신만을 위한 존재가 아니다. 교회의 목적은 자신이 아니라 세계다. 교회는 항상 세상에 대한 책임을 인식해야 한다."
                                              - 한스 큉Hans Küng

✛ 세상을 움직이고 함께 성장한 공동체들

초대교회

한 고대 문헌에 초대교회에 대한 흥미로운 언급이 나옵니다. 로마의 황제 율리아누스Julian가 그리스도인들의 사회적 섬김을 보고 경쟁하듯이 이교도 자선기금 모금을 시작하였다는 것입니다. 362년 율리아누스는 갈라디아의 대제사장에게 '이교도들은 그리스도인들의 미덕과 같은 것을 가져야 한다'라고 편지를 썼습니다. 당시 기독교의 급격한 성장이 초대교회 교인들의 도덕성과 나그네를 따뜻하게 대하고 죽은 자들의 무덤을 돌보는 등의 봉사와 섬김 때문이라고 보았던 것입니다.

사실 율리아누스는 갈릴리인들, 다시 말해 당시의 예수를 믿는 그리스도인들을 혐오하였습니다. 그는 갈릴리인들의 자선에 숨은 의도가 있을 것이라고 의심했습니다. 그러나 그도 자신이 시행한 자선기금과 이교도 조직의 자선기금을 그리스도인들의 것과 비교해 볼 때 현저히 차이가 난다는 것을 인정하였습니다. 또 다른 제사장에게 보낸 편지에는 이런 글귀가 있습니다. "유대인은 아무도 구걸할 필요가 없고, 불경한 갈릴리인들(그리스도인들)은 자기네 가난한 사람들뿐 아니라 [믿는 자들의 공동체가 아닌] 우리 중의 가난한 사람들까지 돕는다. 그런데 우리 백성은 도움을 받지 못하는 형편이니 얼마나 부끄러운지 모른다."[2] 아마도 그는 초대교회가 믿는 자들끼리의 공동체로 남는 것이 아니라 모두를 향하여 사랑과 섬김의 실천을 하는 것에 깊은 인상과 도전을 받았던 듯싶습니다. 초대교회의 자선과 나눔은 황제까지 움직이게 만들었고, 로마 사회가 복지에 한 걸음 더 나아가도록 하는 마중물이 되었습니다.

당시 초대교회의 모습과 그 사회적 영향력을 성경이 증언합니다.

날마다 마음을 같이하여 성전에 모이기를 힘쓰고 집에서 떡을 떼며 기쁨과 순전한 마음으로 음식을 먹고 하나님을 찬미하며 또 온 백성에게 칭송을 받으니 주께서 구원 받는 사람을 날마다 더하게 하시니라(행 2:46-47)

경기도 안양의 동네교회
초대교회처럼 지역을 변화시키고 함께 성장한 교회가 있

습니다. 경기도 안양의 한 주택가에 위치한 신광교회는 1997년 김문건 담임목사의 부임 이후 10여 년 동안 10여 명의 성도들과 꾸준히 병원 호스피스 봉사, 복지관 쌀 나누기 등의 활동을 펼쳤습니다. 그리고 주민들이 함께 준비하고 참여할 수 있는 자리를 찾다가 바자회를 생각해 냈습니다.

새벽 예배를 마치고 매일 주민들을 찾아가 도움을 요청했습니다. 수익금의 절반은 우간다의 화장실 만들기 후원금으로, 나머지 절반은 주민들이 원하는 어린이 도서관 건립을 위해 쓰겠다며 비전을 제시했습니다. 시간이 지나면서 주민들이 차츰 물건을 가져오기 시작했고 바자회 당일, 주민과 교인들이 한데 어울리는 동네잔치가 되었습니다. 기대보다 많은 수익이 나서 교회는 지역 주민과의 약속을 너끈히 지킬 수 있었습니다.

여기서 그치지 않고 김문건 목사는 지속적인 도서관 운영을 위해 "도서관으로 내일의 링컨을 섬기려 합니다"라는 문구로 또다시 동네 사람들을 찾아다녔습니다. 한 주민은 책장을 마련해 주었고, 다른 주민들은 책을 기증했습니다. "교회답게 서 봐라, 밀어 주겠다"라며 응원하는 주민도 있었습니다. 현재 도서관은 어린이와 주민들이 함께 기획하고 참여하는 다양한 프로그램을 운영하고 있습니다. 그 결과 안양시 우수도서관에 선정되기도 하고, 경기도지사상 표창도 받을 정도로 공공성을 기반한 모범적인 마을 활동으로 인정받고 있습니다. 이 도서관의 이름은 '징검다리'입니다.

복지, 문화기반이 열악한 동네에서 신광교회는 세상과 교회를 연결하고, "친구, 가족, 이웃들이 모이는 만남의 장"[3]으로서 징검다리 역할을 톡톡히 하고 있습니다. 전도를 목적으로 한 활동은 아니었지만 도서관을 이용하던 주민들이 어느새 교회에 출석하고 있습니다. 현재 대부분의 성도가 징검다리작은도서관 프로그램에 참여하던 지역 주민입니다.

김문건 목사는 그리스도인이건 비그리스도인이건 '교회'에 대한 기대가 있다면서, "목회를 하면서 오히려 비기독교인들이 교회의 행보에 더 주목하고 있다는 것을 깨달았고, 교회에 신뢰가 생기자 그들이 먼저 교회에 손을 내미는 것을 경험했"다고 말합니다.[4] 교회가 복음 공동체로서의 역할을 감당하자 주민들 스스로 마을을 변화시켰고, 교회는 진정한 지역 공동체의 일원이 되어 갔던 것입니다.

✛ 지역의 번영을 위해 힘쓰라

복음을 간직한 교회는 세워진 곳에서 변화를 일으킵니다. 그리스도인과 교회가 이웃을 향해 사랑을 실천할 때, 비로소 변화의 물꼬가 트일 수 있습니다.

〈한국교회 희망 프로젝트〉에서 시행한 설문조사 '교회의 건강성 측정을 위한 조사' 결과에 따르면, 본인이 건강한 교회에 다닌다고 생각하는 그리스도인들 중에서 출석교회가 지역사회를 위한 섬김을 실천하고 있다고 응답한 비율은 5명 중 4명이었습니다. 하지만 스스로 건강하지 않은 교회에 다닌다고 여기는 성도들의 경우, 그 비율은 절반 정도밖에 되지 않았습니다. 이를 통해 건강한 교회라고 평가받은 교회의 다수가 지역과 동행하고 지역을 이웃으로 여기며 섬기고자 노력하고 있다는 것을 확인할 수 있습니다. 이러한 결과를 통해 교회의 건강성과 지역사회 섬김 사이에 일정 정도 상관관계가 있다고 이야기할 수 있을 것입니다.

성경은 하나님의 백성 공동체가 지역을 위하여 힘써야 함을 분명히 드러냅니다. 선지자 예레미야는 바벨론으로 끌

• 교회의 지역사회 섬김(교회 출석자, 100점 기준) •

출석교회 건강성 ■ 건강 ■ 보통 ■ 비건강

• 우리 교회는 공예배의 기도나 설교에서 이웃과 지역사회의 문제를
  자주 언급한다

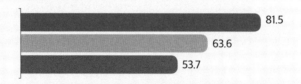

81.5
63.6
53.7

• 우리 교회는 교회 시설을 지역 주민들에게 개방한다

78.9
64.4
61.0

• 우리 교회는 사역 계획을 수립할 때 지역 주민들의 의견을 청취한다

76.5
61.3
54.4

려간 이스라엘 백성들에게 그 도시의 평안과 번영을 위해 기도하라고 이야기합니다. 자신이 속한 지역의 평안과 하나님 백성의 공동체, 곧 교회의 평안이 다름이 아니라는 것입니다.

> 너희는 집을 짓고 거기에 살며 텃밭을 만들고 그 열매를 먹으라 아내를 맞이하여 자녀를 낳으며 너희 아들이 아내를 맞이하며 너희 딸이 남편을 맞아 그들로 자녀를 낳게 하여 너희가 거기에서 번성하고 줄어들지 아니하게 하라 너희는 내가 사로잡혀 가게 한 **그 성읍의 평안을 구하고 그를 위하여 여호와께 기도하라 이는 그 성읍이 평안함으로 너희도 평안할 것임이라**(렘 29:5-7)

출애굽 이후 이스라엘은 하나님의 백성이라는 정체성을 하나님이 약속하신 땅에서 찾곤 했습니다. 하지만 하나님은 그곳이 어디든 신실하게 살아갈 것을 말씀하셨습니다. 하나님의 백성이 낯선 이방 땅에서 그들의 문화에 참여하며 그 땅의 유익을 위해 힘쓸 때, 하나님이 번성케 하리라고 약속하셨습니다. 신앙 공동체는 세상 사람들과 함께 삶의 자리에서 평화를 이루어야 합니다.

　예수님도 겨자씨 비유를 통해 성도와 교회가 보다 적극적으로 평안과 번영의 마중물이 되어야 한다고 말씀하셨습니다. 예수님은 하나님 나라가 작은 "겨자씨" 같아서 싹이 트고 자라나면 결국에 공중의 새들이 날아와 그 가지에 깃들일 만큼 큰 나무가 된다고 말씀하셨습니다(마 13:32). 사람들은 그리스도인과 교회가 있는 곳에서 쉼과 평안을 누릴 수 있어야 합니다. 교회 공동체가 이웃과 세상을 살리는 생명의 터전이 되어야 한다는 의미입니다.

묵상과 토론을 위한 질문

✦ 우리 교회와 교회의 활동들은 지역사회에서 어떻게 인식되고 있나요? 왜 그렇게 생각하는지 이야기해 봅시다.

✦ 우리 교회는 지역사회의 평안과 번영을 위해 어떤 노력을 하고 있습니까? 만약 노력하지 못하고 있다면 이유는 무엇인가요?

✦ 페르시아 왕의 술관원이었던 느헤미야는 이스라엘의 회복을 꿈

꾸며 예루살렘으로 돌아옵니다. 그는 술관원이라는 편안하고 안락한 삶을 포기하고 하나님 앞에서 예루살렘의 상황을 살폈습니다 (느 2:12-16). 그리고 52일 만에 성벽재건을 통하여 이스라엘을 재건할 수 있었습니다.

우리 교회가 속한 지역사회에 재건해야 할 무너진 성벽이 있다면 무엇일까요? 함께 생각해 봅시다.

✚ 지역은 이 시대의 선교지

그렇다면 교회는 어떻게 겨자씨와 같이 이웃과 세상을 살리는 풍성한 생명의 터전이 될 수 있을까요? 35년간 인도 선교를 하고 영국에 돌아온 레슬리 뉴비긴R. Newbigin은 유럽이 세속화되어 있는 것에 충격을 받습니다. 선교사를 파송했던 유럽이 도리어 선교를 받아야 할 현장이 되어 있었습니다.

그는 이제 교회론이 바뀌어야 한다고 말합니다. "모든 그리스도인 공동체는 그리스도의 몸의 지역적 표현"5이므로 교회가 없고 열악한 제3세계의 나라만이 선교지가 아니라, 교회가 세워져 있고 선교사를 파송하는 곳도 선교지가

세상의 선물이 되는 교회

될 수 있다는 것입니다.

그리스도인들이 교회에 모이는 이유는 흩어져 세상 속에서 하나님 나라를 확장하기 위해서입니다. 그러나 오랫동안 지역 교회는 교회 내부적인 일에 관심을 두었습니다. 지금까지 교회가 목회적 차원에 강조점을 두는 '오는 교회' 구조였다면, 이제는 밖으로 '가는 교회' 구조로 바꿈으로써 지역사회에서 선교적 사명을 감당하는 교회가 되어야 합니다.[6] 즉, '모이는' 교회만이 아니라 '파송하는' 교회여야 합니다.

모이는 교회	흩어지는 교회
• 오는 교회 • 교회 내부 사역(예배, 성례, 친교 등)에 관심 • 주일 교회 중심 • 선교는 소수의 해외 선교사 중심	• (밖으로) 가는 교회 • 지역사회 선교에 관심 • 주중 생활 중심 • 모든 성도가 선교적 삶 추구

교회의 선교는 전도 이상의 의미를 갖습니다. 교회와 그리스도인들이 이웃과의 관계 속에서 살아가는 모습이 또 다른 선교의 내용이 됩니다. 이는 지역사회와 **함께하는 것**을

의미하며 교회가 보여 주어야 할 하나님 나라 복음의 메시지이기도 합니다.

> 교회가 있는 그곳이 바로 선교지입니다. 우리가 하나님 나라의
> 복음을 삶으로 보여 줄 때 하나님이 역사하십니다.

✛ 어떻게 지역을 향한 선교적 사명을 감당할 것인가

전통적으로 교회는 사회를 전도와 돌봄의 대상으로 대했습니다. 주변의 약자들을 긍휼한 마음으로 돌보면서도 교회로 인도하여 구원받도록 하는 것이 교회가 줄 수 있는 최고의 선물이라 여겼습니다. 그런데 때로 그런 생각이 오해를 낳곤 합니다.

한 교회에서 추수감사주일 감사헌금으로 쌀을 모았습니다. 쌀의 쓰임을 두고 논의하다가 지역의 어려운 이웃에게 쌀을 주고 그 주민과 함께 예배하고 기도드리기로 결정했습니다. 그런데 쌀을 전달하고 얼마 후, 교회 마당에 '쿵' 하는

소리가 들렸습니다. 주민 몇 사람이 경운기에서 쌀가마들을 내려놓고 있었습니다. 교회에서 준 쌀가마였습니다. "우리는 이런 쌀 먹지 않습니다. 누가 달라고 했습니까?"라며 그들은 매우 불쾌해했습니다. 교회는 나름대로 이웃 사랑을 실천한 것인데, 정작 그들에게는 그게 사랑으로 다가오지 않았던 모양입니다. 짐작건대 원한 적도 없는데 갑자기 찾아와 쌀을 주고 함께 예배하자니 당황스럽고, 가난 때문에 이런 일을 겪는 것 같아 속이 상했던 듯합니다.[7]

교회가 지역을 섬기고 소통하기 위해서 가장 먼저 요청되는 것은 역지사지의 자세입니다. 도움을 주고자 할 때, 상대방이 어떻게 느낄지 상대방의 입장에서 세심하게 헤아리는 것입니다. 그리고 지역을 전도의 대상, 시혜의 대상으로 여기는 교회 중심적인 시각에서 벗어나 상호 영향을 미치는, **우리** 모두 지역 공동체의 일원이라고 이해하고 존중하는 자세가 필요합니다.

교회는 신앙 공동체이지만, 동시에 사회 속에 존재하는 **시민 공동체**로서의 정체성을 가져야 합니다. 지역 공동체의 주체로서 주민이 주도적으로 활동할 수 있도록 교회가 인적, 물적 자원을 활용해 지역과 협력한다면 지역사회가 기독교적 가치를 지향하게 될 뿐 아니라 교회의 공신력도 회복하게 될 것입니다.

서울 은평구에 있는 성암교회 조주희 담임목사는 교회가 지역사회와 관계를 맺고 섬길 때, 교회에 취약한 부분이 있다고 말합니다. 바로 **공공성**과 **전문성**입니다. 모든 교회 구성원이 교회 중심적인 시각과 행동 방식을 벗어나는 것에서 공공성은 시작합니다. 그러기 위해 우선 지역에 대한 바른 이해 안에서, 교회가 지역을 위해 부름받은 존재임을 깨달아야 합니다. 또한 중요한 것은, 지역 주민과의 소통 구조를 교회 안에 만들되 전문가들의 조언과 도움에 열려 있어야 한다는 것입니다. 지역사회에는 이미 복지나 교육 등 여러 분야에서 전문성을 갖춘 자원들이 있기 때문입니다.

성암교회는 공공성과 전문성 두 가지를 함양하기 위하여 14개월 동안 외부 컨설팅을 받았습니다. 설명회, 교육, 설교를 통하여 전 교인이 지역을 공적인 관점으로 바라보며 같은 비전으로 하나가 되는 시간이었습니다. 또한 TFT 위원회를 구성해 전문가와 지역, 교회 간의 원활한 소통 구조를 갖추고, 설문조사를 실시해 주민들이 원하는 것이 무엇이고 교회에서 어떤 도움을 줄 수 있을지 확인하며 사역 계

세상의 선물이 되는 교회

• 성암교회의 컨설팅 과정 •

1단계: 교회 공동체가 비전으로 하나 되기

전 교인의 공공성 함양과 지역에 대한 이해 높이기

2단계: 소통구조 세우기

교회와 지역 간의 소통을 위한 상호협력적 조직 구성
(전문가 위원회, 교회 위원회, 지역 위원 조직)

3단계: 설문조사

- 지역의 목소리 듣기(주민 대상 설문조사와 복지 상황 조사)
- 교회 상황 객관화하기(교인 대상 설문조사와 교회 상황 점검)

4단계: 시범사업

조사 결과를 반영해 시범사업 계획 수립 및 시행

5단계: 평가 및 최종계획 수립

시범사업 진단과 평가 후
교회의 사회복지 종합계획 수립 및 제안

획에 반영하는 과정을 거쳤습니다. 그렇게 개발된 사역들
이 '바오밥나무 카페', '다섯콩작은어린이도서관', 독거노인
들에게 반찬을 전하며 안부를 묻는 '안부 사역', 은평구청이

위탁해 학생들에게 다양한 비교과 활동을 지원하는 '방과후교실' 사업입니다. 특히 방과후교실은 다양한 지역 섬김 사역들 중 가장 많은 열매를 맺고 있습니다.

이러한 사역들이 교육을 위한 공적 지원체계로 인정받으면서 성암교회의 지역 섬김 사역은 확장되었습니다. 비영리단체 '은평좋은학교네트워크'는 교회학교 어린이와 지역 어린이가 참여하는 '지역과 함께하는 여름공감캠프', 교사 캠프, 학부모아카데미를 지원하고 운영합니다. 또한 기존의 네트워크를 기반으로 보다 종합적인 활동을 펼치는 사단법인 '더불어배움'은 문화체육관광부, 서울시교육청, 경기도교육청, 대구시교육청, 부산시교육청, 종로구청 등과의 협업을 통해 교육과 문화, 마을 지원 사업으로 확대되었습니다.[8]

이 모든 일은 교회 공동체의 신학적 이해와 지역에 대한 관심, 적극적인 협력 및 헌신, 그리고 지역의 신뢰가 쌓여 이루어질 수 있었습니다. 교회 아이들과 지역 아이들이 만나고, 교회학교의 교사와 지역 학부모들이 서로 관계를 맺으며 교회가 마을의 사랑방 역할을 감당할 뿐 아니라 지역 어린이 선교를 모색할 수 있게 된 것입니다.

성암교회의 사례는 지역사회라는 선교 현장에 어떻게

하나님 나라를 만들어 갈 것인지 고민하는 공동체에게 참고할 만한 자료가 됩니다. 교회가 지역사회와 관계를 맺고 섬기는 방식은 각기 다를 수밖에 없습니다. 모든 교회는 다양한 모습으로 존재하기 때문입니다. 하나님 나라를 여러분의 교회가 속한 지역에서 어떻게 만들어 갈 것인지 각 교회의 상황과 환경에 맞게 고민하며 방법을 찾아볼 수 있습니다.

코로나19 시대의 베스트셀러와 제3의 장소

앞서 사례로 등장한 교회들은 왜 직접 지역을 섬기지 않고 도서관이나 카페, 복지센터, 비영리기관 같은 단체를 통해 섬겼을까요?

팬데믹 시기에 『불편한 편의점』, 『어서 오세요, 휴남동 서점입니다』와 같은 책들이 베스트셀러가 되었습니다. 이 책들의 공통 키워드는 '안전한 공간', '유대', '힐링'입니다. 즉, 다양한 사연을 가진 동네 사람들이 특정한 공간에서 만나 서로 위로하는 내용에 독자들이 위안을 얻었던 것입니다.

사람은 누구나 집이나 일터를 벗어나 즐겁게 대화를 나눌 수 있는 편한 공간을 원합니다. 전통적으로 동네 사랑방, 마을회관, 목욕탕, 재래시장, 이발소, 미용실 같은 곳이 있었다면, 요즘에는 카페나 동네 서점, 온라인 소모임 같은 곳이 그런 역할을 하는 듯합니다. 미국의 사회학자 레이 올든버그 Ray Oldenburg는 이런 공간을 '제3의 장소'라고 불렀습니다. 제1의 장소인 가정(거주)은 내밀한 사적인 공간입니다. 제2의 장소인 직장(노동)은 공식적이고 격식적인 공간입니다. 제3의 장소는 우연한 만남이 자유롭게 이루어지는 중간지대로, 이러한 장소가 없다면 현대 사회의 심각한 문제인 개인의 고립이 더욱 심화될 것이라는 것이 올든버그의 지적입니다. 그는 여러 면에서 제3의 장소가 중요하다고 말합니다.[9]

- 사람들이 책임으로부터 벗어나 편안함을 느낌
- 고립 대신 다양한 사람들과 접촉하고 친밀해지는 데 도움을 줌
- 생동감 있는 삶
- 사회적 결속력과 공동체 의식을 형성하는 데 도움을 줌
- 시민으로서의 자부심 유발
- 공공의 삶과 민주적 문화 활성화

이러한 제3의 공간이 가지는 특징은 다음과 같습니다.

- 누구나 자유롭게 오갈 수 있는 공공의 공간
- 가까이에 있어 가기 쉽고 일상적으로 출입 가능
- 환영을 받고 편안하게 느끼며 쉽게 대화를 나눌 수 있다고 여김
- 오랜 친구들뿐 아니라 새로운 친구들을 만날 수 있다는 기대
- 수평적인 관계에서 오는 유쾌하고 따뜻한 분위기
- 소박한 외관

제3의 장소는 나이, 성별, 직업, 경제적 형편과 상관없이 누구에게나 열려 있으며, 상대방의 말을 소중히 여기고 흥미로운 대화를 통해 영감을 얻는 유쾌한 만남이 있습니다. 즉, 심리적으로 편안할 뿐 아니라 지지받고 있다고 느끼는 공간을 의미합니다. 사람들은 이런 곳에 찾아오게 마련입니다.

교회가 제3의 공간으로 지역사회를 섬긴다면 선교적으로도 유익이 될 수 있습니다. 그런데 중요한 것이 있습니다. 단순히 공간을 마련하고 프로그램을 제공하는 것으로 충분하지 않다는 점입니다. 거기 머무는 **사람**에 초점을 맞추고,

세상의 선물이 되는 교회

누구나 편하게 머물며 교제하고 싶은 공동체 중심의 공간이 자 소통의 접점이 되도록 부단히 힘써야 합니다. 이것은 열린 마음으로 서로를 환대하면서도 나와 너의 다름을 인식하며 각 사람을 독립적인 인격체로 존중하는 것에서 시작됩니다. 그곳을 섬기는 교회 공동체로부터 사랑의 나눔과 평화가 전해지고 그 공간에서 따듯하고 충만한 사귐의 은혜를 맛볼 때, 사람들은 함께하고 싶어질 것입니다. 생명수 되시는 예수님께 열두 명의 제자들, 학식이 높은 니고데모와 서기관들뿐 아니라 갈 바를 알지 못하던 부자 청년, 배제와 멸시 속에 살던 사마리아 여인와 여인들, 어린아이들, 세리와 죄인들, 그리고 수많은 무리들이 나아왔던 것처럼 말입니다.

✦ 교회가 지역사회를 섬기는 사역을 할 때 교회의 이름이나 종교 색을 드러내지 않는 방식에 대해 서로의 생각을 이야기해 봅시다.

✦ 우리 교회에서 제3의 공간을 통해 지역사회 선교를 하고 있다면 얼마나 잘 진행되고 있는지, 이를 더욱 활성화시키기 위하여 어떠한 노력이 필요할지 나눠 보세요. 혹 하고 있지 않다면 그 이유가 무엇인지 이야기해 봅시다.

하나님과 공동 창조자가
된다는 것

세이비어교회는 미국 워싱턴 부근의 빈민 지역을 섬기는 작은 신앙 공동체입니다. 하지만 9개 지역에서 20개가 넘는 공동체를 통해 "미국을 움직인다"고 할 정도로 상당한 영향력을 발휘하며 미래목회의 대안을 제시하는 교회로 알려져 있습니다. 세이비어교회를 개척한 고든 코스비Gordon Cosby 목사는 미국 베일러대학 학보지와의 인터뷰[10]에서 세상 속 교회와 그리스도인의 정체성 및 소명에 대해 말한 적이 있습니다. 일부를 소개합니다.

세상의 선물이 되는 교회

Q. 세이비어교회의 사역은 그리스도인으로서 정체성과 소명을 이해하는 데 중점을 두고 있습니다. 그 의미에 대해 알려 주세요.

하나님의 부르심을 실천한다는 것은 [시대와 상황마다] 교회의 모습이 항상 바뀔 수 있다는 의미입니다. (…) 교회의 [변하지 않는] 본질과 [변하는] 형식을 구분하는 것이 중요합니다. 여러분이 섬기는 교회의 본질은 무엇입니까?

행동과 지식의 밑바닥에는 무엇이 있나요? 여러분의 본질은 무엇입니까? 이것이 가장 중요합니다. 우리는 존재와 행위를 구분해야 합니다. (…) 모두가 더 많이 알고 싶고, 더 많은 것을 하고 싶기 때문에 우리는 존재에 도달하는 데 어려움을 겪습니다. 하지만 가장 필요한 것은 그런 것이 아닙니다.

저는 젊은 시절 2차 세계대전 당시 군목으로 히틀러 나치 군대와 싸우는 전쟁터에 있었습니다. 세계에서 교육을 가장 많이 받은 독일 국민들에 의해 히틀러가 세워졌습니다. 오늘날, 미국인들도 교육을 많이 받았습니다. 그런데 우리가 살고 있는 도시는 비극적입니다. 어린이의 3분의 1이

빈곤 상태에 있고, 3,800명 이상이 교도소에 수감돼 있습니다. 교육을 많이 받았지만 교육이 엉망이라는 것입니다. 미국의 도시들마다 사람들의 삶을 들여다보면 비극적입니다.

Q. 우리가 누구인지 생각하면서, 저는 주변의 부유함과 가난함에 대해 생각합니다. 가난하고, 불의한 문화 속에서 고통받는 사람들에 대한 우리의 책임은 무엇인가요?

무슨 일이 일어나고 있는지 이해하고, 지역사회가 직면한 상황을 아는 것이 중요합니다. 우리는 예수님이 돌보셨던 가장 작은 사람들에게 관심을 갖기 원하고 기회를 주기 원합니다. (…) 하나님이 하시는 일에 기초해 이곳을 사랑의 도시라고 주장할 때 우리는 무엇을 보기 원합니까? 하늘에서와 같이 땅에서도 하나님 나라가 임한다면 어떤 모습일까요?

저는 우리가 무엇인지, 믿음으로 무엇이 되기를 원하는지 구체적으로 알아야 한다고 생각합니다. 그런 다음, 우리가 누구인지에 기초해 하나님이 원한다고 말씀하시는 것을 주장할지 여부를 결정해야 합니다. (…) 하나님은 우리가 그

세상의 선물이 되는 교회

분과 함께 공동 창조자가 되기를 원하십니다.

우리는 지식보다 더 깊은 심연으로 깊숙이 들어가야 합니다. 믿음은 무엇이 가능하다고 말하나요? 워싱턴 D.C가 사랑의 도시가 될 수 있을까요? 우리는 모든 사람을 돌볼 건가요? 우리가 그저 주장함으로써 '사랑의 도시'가 될 수 있을까요? 정말로요? 여러분의 도시도 그러한가요? 하나님이 그곳에서 원하시는 것은 무엇인가요?

✦ 고든 코스비 목사의 인터뷰에서 공감하는 부분이 있나요?
✦ 하나님이 우리와 함께 공동의 창조자가 되기를 원하신다는 것은 어떤 의미일까요?
✦ 하나님은 여러분이 살고 있는 도시에서 무엇을 함께 하기를 원하신다고 생각하나요?

✤ 지역에 하나님의 나라가 임하시오며

신앙은 하나님에 대한 신뢰와 충성을 뜻합니다. 삶의 전 영역에서 하나님 나라를 실천하고 증언하는 것입니다. 신앙을 이렇게 이해하는 것은 교회의 정체성을 통합적이고 공적으로 인식하게 합니다. 지역사회를 향한 선교적 사명을 인식하는 것은 교회됨에 대한 본질적인 통찰에 가깝습니다. 교회는 하나님 나라의 복음과 가치를 실현하고 확장하는 주님의 몸 된 공동체로서, 교회가 세워진 곳을 보냄 받은 곳으로 인식하고 그곳에서 하나님 나라를 이루어 가야 합니다.

사도 바울은 "성도를 온전하게 하여 봉사의 일을 하게 하며 그리스도의 몸을 세우려 하심이라"(엡 4:12)고 말합니다. 그리스도의 몸을 세운다는 것은 교회 공동체를 세우는 것에만 머무는 것이 아니라 성도 한 사람 한 사람이 지역과 일터에서 봉사의 일을 하게 한다는 말씀이기도 합니다. 오늘날 지역사회는 장애인, 청소년, 청년, 노인, 가정 등의 영역에서 교육, 돌봄, 복지, 환경, 경제, 빈곤 등 여러 가지 문제를 안고 있습니다. 이러한 문제들을 함께 고민하고 아파하는 교회가 되어야 합니다.

세상의 선물이 되는 교회

온 우주를 지으신 하나님은 우리 그리스도인들을 공동의 창조자로 부르셨습니다. 이 말은 우리가 삶의 현장에서 직면하는 문제들을 창조적으로 해결하는 존재가 되는 것을 뜻합니다. 지역사회 안에 있는 여러 어려움을 해소하고 해결하면서 하나님의 통치가 임하도록 하는 것이 우리가 지금 이곳, 지역으로 부름받은 이유일 것입니다.

묵상과 토론을 위한 질문

✧ 지역 공동체를 섬기기 위해 주민의 목소리를 직접 들어 봅시다. 지난 시간에 지역주민에게 물어본 내용을 서로 나눠 보세요. 주민들은 우리 교회를 어떻게 인식하고 있으며, 필요한 것이 무엇이라고 했나요?

⇨ 한 걸음 더: 우리의 생각과 지역주민들의 의견 사이에 차이가 있다면 이야기해 봅시다.

✦ 우리 교회가 지역사회를 섬기는 데 활용할 수 있는 자원과 은사, 강점을 떠올려 봅시다.

✦ 위 질문들의 답변을 고려하여 우리 교회가 지역사회에 선물 같은 존재가 되는 구체적인 섬김에 대해 생각해 보고, 그중에서 시급한 일들은 실행할 수 있도록 계획을 세워 봅시다.

우리 교회가 해야 할 지역사회 섬김의 우선순위	이를 위해 지금부터 할 수 있는 일	장기적으로 할 일
1.		
2.		
3.		

세상의 선물이 되는 교회

▶ 찬양

선한 능력으로(주 선한 능력으로) _작사 디트리히 본회퍼·작곡 지그프
리트 피츠

▶ 함께 기도합니다

은혜와 평강의 하나님, 우리가 사는 이곳에 교회를 세우시고 이 교
회를 통해 복음을 전하게 하시며 이 땅에 하나님 나라를 이루어 가게
하시니 감사합니다. 우리 교회가 이 지역의 구성원으로서 지역을 잘
섬기게 하시어, 이곳에서 먼저 하나님의 통치와 돌보심을 맛볼 수 있
게 하소서. 예수님의 이름으로 기도합니다. 아멘.

3장

변화

교회,
하나님 나라를
맛보는 곳

한눈에 읽기

장 칼뱅Jean Calvin은 "교회는 보이지 않는 하나님 나라를 보이도록 만들어야 할 책임이 있다"라고 하였습니다. 세상에 하나님 나라를 전하기 위해 교회는 신실한 존재로 변화될 필요가 있습니다. 교회는 이미 시작되었으며 계속 이루어져 가고 있는 하나님 나라를 맛보는 곳이어야 합니다. 삼위일체 하나님을 따라 차별이나 배제, 소외가 아니라 모든 존재를 포용하고 서로 소통하며 모두가 함께 참여하는, 하나님 나라의 아름다운 문화를 꽃피우는 시간으로 초대합니다.

키워드

#교회문화 #모두의_교회 #함께_만들어가는

연관 설문

'교회의 건강성 측정을 위한 조사' 공동체 차원 3번, 사회구성원 차원 22번

교회,
하나님 나라를 맛보는 곳

"이같이 너희 빛이 사람 앞에 비치게 하여
그들로 너희 착한 행실을 보고
하늘에 계신 너희 아버지께 영광을 돌리게 하라"
마 5:16

✢ 신분의 멍에를 풀다

20세기 초, 강화읍교회(현 강화중앙교회)에 김 씨라는 교인이 있었습니다. 남편도 자식도 없이 혼자였지만 사는 데는 여유가 있어 복섬이란 여종을 데리고 있었습니다. 여든이 넘어서 하나님을 믿게 된 김 씨 부인은 교회에서 한글을 배워 성경을 읽기 시작했습니다. 그러던 어느 날, 마태복음 18장을 읽다가 18절에 멈추었습니다.

진실로 너희에게 이르노니 무엇이든지 너희가 땅에서 매면
하늘에서도 매일 것이요 무엇이든지 땅에서 풀면 하늘에서
도 풀리리라 (마 18:18)

김 씨 부인은 몸종 복섬이를 데리고 있는 것을 '매는 것'
으로 풀이했습니다. 그는 다음 주일 교인들을 초청한 후, 복
섬이를 방 안으로 불러들였습니다. "성경 말씀을 보니 우리
주인은 하늘에 계시고 우리는 다 같은 형제라. 어찌 내가 하
나님 앞에서 주인 노릇을 할 수 있겠소? 또 내가 복섬이를
몸종으로 부리는 것이 땅에서 매는 것인즉, 그러고서 어찌
하나님의 복을 받겠는가?"

김 씨 부인은 문갑에서 복섬이의 종 문서를 꺼내고는 교
인들이 보는 앞에서 불살라 버렸습니다. "복섬아, 지금 이후
로 너는 내 종이 아니다. 너는 자유의 몸이 되었으니 내 집
을 나가도 된다."

그러자 놀란 복섬이가 부인에게 매달렸습니다. "마님, 그
럴 수는 없습니다. 제발 나가라고 하지만 말아 주세요."

세상의 선물이 되는 교회

중재하는 전도사의 조언에 따라 김 씨 부인은 눈물을 흘리며 매달리는 복섬이를 양녀로 받아들이기로 했습니다. 종에서 양녀로 신분이 바뀐 복섬이는 정성을 다해 김 씨 부인을 섬겼고, 김 씨 부인 역시 늘그막에 딸을 얻어 기뻐했습니다. 이 광경을 지켜본 교인들의 감동 또한 컸습니다.[1]

김 씨 부인 외에도 한국 신앙 공동체의 초기 선배들은 하나님 나라의 복음을 따라 살고자 했습니다. 신분제가 실질적으로 남아 있던 구한말, 하나님의 사랑 앞에서 모든 사람이 자유롭고 귀한 존재라는 복음의 정신으로 말미암아 몇백 년을 이어 온 낡은 관습과 잘못된 규칙을 고치는 일이 교회 안에서부터 시작되었습니다. 말씀의 빛 아래 한국사회의 차별과 악습이 깨뜨려지고, 모든 사람을 동등하게 지으셨으며 사랑하신다는 하나님의 뜻이 교회에서부터 실현되고 확장되었던 것입니다.

✣ 나라가 임하시오며: 교회 문화 새롭게 하기

교회는 하나님 나라의 전진기지입니다. 따라서 교회는 세상에 복음을 전하는 일뿐 아니라 예수님이 말씀하신 정체성, 곧 세상 속에서 빛과 소금의 역할을 잘 감당해야 합니다. 그 사명을 이루기 위해서 먼저 교회에서부터 세상과 구별되는 하나님 나라 가치를 실현하는 것이 중요합니다.

1. 하나님 나라, 지금 여기에 임하는 하나님의 다스리심

한국교회에서 하나님 나라는 죽어서 가는 '저 세상'의 의미로 받아들여질 때가 많습니다. 물론 천국 혹은 하나님 나라에는 사후세계彼岸적 차원이 있습니다. 그러나 이것이 전부라고 하면, 예수님이 강조하신 천국의 현재적 차원을 이해하기 어려워집니다. 예수님은 "하나님의 나라는 볼 수 있게 임하는 것이 아니요 또 여기 있다 저기 있다고도 못하리니 하나님의 나라는 너희 안에 있느니라"(눅 17:20b-21)고 하시며 **이미** 도래한 하나님 나라를 선포하셨고, 또한 "내가 하나님의 성령을 힘입어 귀신을 쫓아내는 것이면 하나님의 나라가 이미 너희에게 임하였느니라"(마 12:28)고 **지금** 이루어지는 하나님 나라를 말씀하셨기 때문입니다.

또한 하나님 나라는 단지 공간적 의미가 아니라, 하나님의 통치가 이루어지는 것을 뜻합니다. 따라서 '하나님 나라

세상의 선물이 되는 교회

의 도래'는 '공간'이 아니라 지금 여기에서 우리 가운데 '하나님의 뜻이 실현되는 것', 곧 **신적 통치의 구현**입니다.[2]

2. 삼위일체 하나님의 나라

하나님의 뜻이 실현되는 하나님 나라는 삼위일체 하나님의 나라입니다. 삼위일체 하나님의 존재 방식은 우리에게 하나님이 어떤 분이며, 세상에서 어떻게 살아야 하는지 알려 줍니다. 사랑하는 분, 사랑받는 분, 사랑 그 자체이신 성부, 성자, 성령 하나님에게는 우열이 없습니다. 고립되지 않고 서로 연결되어 사랑으로 하나를 이루신 인격적인 하나님이십니다. 나지안주스의 그레고리Gregory of Nazianzus는 삼위일체 하나님을 '페리코레시스'perichoresis라는 단어로 설명했습니다. 이 단어는 '둘레'peri와 '주위를 빙빙 돌며 춤추다'choresis는 뜻이 결합한 것으로 마치 포용의 은혜로 하나 되어 춤추시는 삼위 하나님을 떠올리게 합니다. "내가 아버지 안에, 아버지는 내 안에"라는 말씀처럼 삼위 하나님은 서로에게 자신을 완전히 내어주십니다.

사랑의 하나님께는 배제와 소외가 없으며, 모든 피조물을 끌어안으십니다. 하나님은 성부, 성자, 성령의 삼중 관계를 반영해 온 우주를 만드시고 하나님의 나라를 통치하십니다. **이 땅에 이루어지는 하나님 나라는 삼위일체 하나님을 반영하는 나라**여야 합니다.[3]

3. 이미 시작되었으며 계속 이루어져 가고 있는 하나님 나라

하나님 나라가 미래적인 특성을 지니고 있다는 것도 잊어서는 안 됩니다. 천국, 곧 하나님 나라는 "자기 밭에 갖다 심은 겨자씨 한 알 같으니 이는 모든 씨보다 작은 것이로되 자란 후에는 풀보다 커서 나무가 되매 공중의 새들이 와서 그 가지에 깃들"인다고(마 13:31b-32) 예수님은 말씀하셨습니다. 이는, 지금은 비록 불의가 존재하고 악의 세력이 활보하지만, 이 땅이 결국 하나님의 통치 아래 들어갈 것이란 **미래적 완성**을 보여 줍니다. 하나님 나라는 지금도 이루어지고 있으며 하나님의 통치 영역은 계속 확장되고 있습니다.

✤ 하나님 나라와 교회 문화의 변화

그렇다면 하나님 나라는 교회와 어떤 관계일까요? 아우구

스티누스St. Augustinus는『하나님의 도성』The City of God에서 두 도성에 대해 이야기합니다. 바로 '천상의 도성'과 '지상의 도성'입니다. 두 도성은 서로 대비됩니다.

"두 가지 사랑이 두 도시를 건설했다. 심지어 하나님까지도 멸시하는 자기 사랑이 지상 도성을 만들었고, 자기를 멸시하면서 하나님을 사랑하는 사랑이 천상 도성을 만들었다. 따라서 지상 도성은 자체를 자랑하며 천상 도성은 주를 자랑한다(고후 10:17). 지상 도성은 사람들에게서 영광 받기를 원하고, 천상 도성은 우리의 양심을 보시는 하나님을 최대의 영광으로 여긴다. (…) 지상 도성에서는 지배욕이 (…) 군림하고, 천상 도성에서는 지도자와 피지도자들이 사랑으로 서로 섬기되, 지도자는 그 지혜로 피지도자는 복종으로 섬긴다."[4]

천상의 도성은 지상의 도성이 운영되고 통치되는 방식과는 전혀 다르게 존재합니다. 지상의 도성, 곧 세상의 나라들은 세상의 영을 따르기 때문에 썩어 소멸하게 되고, 천상의 도성에서 영원한 진리를 따르는 시민들은 영생을 얻게 될 것입니다. 하나님을 따른다는 것은 겸손과 자기희생, 사랑의 삶입니다. 세상의 영이 지배하는 도성에서 이 같은 삶을 추구하는 하나님의 사람들은 어리석고 이상한 존재로 취급받습니다. 결국 이 땅에서 하나님의 사람들이 나그네가 될 수밖에 없는 이유입니다.

어떤 사람들은 현실의 교회와 세상을 구분 짓고는 교회를 천상의 도성과, 교회 밖 세상을 지상의 도성과 동일시하곤 합니다. 하지만 그렇지 않습니다. 루터가 인간을 "의인이자 동시에 죄인simul iustus et peccator"이라 말했듯이 교회 안에는 천상의 도성다운 거룩한 문화가 있는가 하면 지상의 도성 같은 문화와 관습 또한 있습니다. 가인과 아벨이 싸우듯, 교회 공동체 안에서 지상의 도성과 천상의 도성이 싸웁니다.

그럼에도 교회는 하나님 나라를 맛볼 수 있는 가장 우선적인 곳이 되어야 합니다. 그러기 위해 개교회주의, 물신주의, 성공 지상주의, 이념과 계층 갈등, 세대 간의 갈등, 차별

세상의 선물이 되는 교회

과 배타적인 편 가르기 등 '지상의 도성' 방식을 교회 안에서 몰아내고 하늘에서와 같이 하나님의 뜻이 실현되도록 노력해야 합니다.

하나님 나라가 계속 완성되어 가고 있는 것처럼, 교회와 그리스도인의 삶은 과거에 머물지 않고 미래를 향해 나아갑니다. 성경은 "이전 것은 지나갔으니 보라 새 것이 되었도다"(고후 5:17b)라고 말합니다. "개혁된 교회는 항상 개혁되어야 한다Ecclesia reformata, semper reformanda est"는 개혁교회의 모토는 이러한 개혁 정신을 나타내는 말입니다.

> 교회 공동체의 문화는 하나님의 말씀 속에서 늘 새로워지고 개혁되어야 합니다.

묵상과 토론을 위한 질문

✦ 다른 교회나 모임과 달리 우리 교회만이 갖고 있는 독특한 문화가 있나요?

✦ "이같이 너희 빛이 사람 앞에 비치게 하여 그들로 너희 착한 행실을 보고 하늘에 계신 너희 아버지께 영광을 돌리게 하라"(마 5:16)고 예수님은 말씀하셨습니다. 우리 교회가 세상과 다른 착한 행실로 모범을 보이며 만들어야 할 선한 문화는 무엇일까요?

✦ "사회학적 불가능의 가능성": 교회, 하나님 나라를 맛보다

기독교 역사학자 최종원 교수는 책 『텍스트를 넘어 콘텍스트로』에서 교회의 위기를 극복하기 위해 사회라는 콘텍스트를 읽어야 한다고 이야기합니다. 세상의 변화를 확인하고 세상과 소통하기에 ESG 이슈는 좋은 도구입니다.

최근 ESG는 전 세계 기업들의 화두가 되었습니다. 기업이 지속 가능하려면 E(Environment, 환경), S(Social, 사회), G(Governance, 지배구조)와 같은 요소에 관심을 갖고 책임적인 역할을 해야 한다는 것입니다. 이제는 기업이 대중에게 오랫동안 사랑받기 위해 사회적인 영향력에 관심을 가지고 좋은 기업이 되고자 합니다. 환경(E)과 사회(S)에 대한 요소가 '밖'을 향한 책임이라면, 지배구조(G)는 투명하고 윤리적인 운영, 참여적인 소통과 의사결정 과정 등 '안'의 문화에 대한 것입니다. 내부 조직 문화에 관한 많은 연구에서 조직의 구성원들이 정보를 공유하고 의사결정에 참여하는 경우, 심리적 소속감과 주인의식이 높다는 결과가 보고되고 있습니다. 그리고 소속감은 구성원의 조직 몰입도와 적극적인 활동에 긍정적인 영향을 미칩니다.

교회는 기업 이상으로 좋은 문화를 만들어야 합니다. 교회는 신앙인 개인들이 모인 **공동체**면서 동시에 **조직체**입니다. 다양한 은사를 가진 지체들이 서로 섬기고 합력하여 그리스도의 몸인 교회를 세워 가라는 성경의 말씀은 교회의 조직문화(G)와 연결됩니다(롬 12:4-8; 고전 12장). 하나님이 다스리시는 하나님 나라의 특징 중 하나는 배제나 차별을 거부하기 때문입니다. 성별, 나이, 인종, 학력, 지역, 그 어떤 것도 차별의 이유가 되어서는 안 됩니다. 이러한 하나님 나라의 모습을 주님의 몸 된 교회에서 이루어 가려고 노력해야 합니다.

초대교회 전문가인 앨런 크라이더Alan Kreider는 초대교회의 성장 원인에 대해 "사회학적 불가능성의 가능성"을 말합니다. 사회학적으로 도저히 불가능한 것들이 교회에선 가능했다는 것입니다. 교회가 하나님 나라를 좇아 살고자 했을 때 사람들은 교회의 모습을 보며 천상에서나 일어날 법한 이상적인 일들이 현실에서 실제로 이루어질 수 있다는 희망을 가질 수 있었습니다.

로마 시대의 문화가 위대했다고 하지만 그것은 로마 시민들, 자유인들을 위한 것이었지 노예와 이방인, 아이들과 여성을 위한 문화는 아니었습니다. 힘에 의한 평화였고, 어느 때보다 물질주의적이며 쾌락과 향락이 지배하던 문화였습니다. 그러나 그리스도인들이 보여 준 문화는 달랐습니다. 초대교회는 서로의 물건을 유무상통하였으며, 또 재산과 소유를 팔아 각 사람의 필요에 따라 나누어 주기도 했습니다 (행 2:44-45). 그리스도인들은 돈의 노예가 아니었고, 도덕적이고 생활은 검소했습니다. 그들은 세상 문화와 다른 하나님 나라의 문화를 이루어 갔습니다. 한마디로 **다름의 공동체**였습니다. 그런데 오늘날 교회 문화는 어떠합니까?

'교회의 건강성 측정을 위한 조사'의 문항 중 교회 참여에 관한 내용이 있습니다.[5] "우리 교회는 의사결정 과정에서

세상의 선물이 되는 교회

평신도들이 참여할 수 있는 통로가 열려 있다"는 지표 결과를 보면, 교회 출석자(81.2점)와 가나안 성도(66점) 간의 차이가 있음을 확인할 수 있습니다. 교회를 떠난 가나안 성도들은 교회 출석자들에 비해 상대적으로 기존 교회에서 사역을 진행하고 정책을 결정하는 과정에 참여할 방법이 없다고 여기는 경우가 많았습니다.

또한 "우리 교회는 의사결정 기구에 청년과 여성대표를 할당하고 있다"는 지표에서도 교회 출석자(77점)와 가나인 성도(62.4점) 간 인식 차이가 상당히 벌어져 있음을 확인할 수 있습니다. 청년을 대상으로 한 또 다른 설문조사에서 현재 출석하는 교회의 문제점으로 '비민주적인 의사구조'(19.6점)가 1위를 차지했다는 결과는 청년들이 교회에 바라는 것이 무엇인지를 드러냅니다.[6]

교회는 모든 구성원이 주님의 몸 된 지체로서 교회됨을 이루어 갑니다. 각 교회의 문화적 배경 속에서 모든 구성원이 함께 바르고 효율적이며 건강한 의사결정 구조를 만들어 갈 때, 건강한 교회가 될 수 있습니다.

• 교회의 의사결정 문화(100점 기준) •

■ 교회 출석자   ■ 가나안 성도

• 우리 교회는 의사결정 과정에서 평신도들이 참여할 수 있는 통로가
열려 있다

81.2

66.0

• 우리 교회는 의사결정 기구에 청년과 여성 대표를 할당하고 있다

77.0

62.4

세상의 선물이 되는 교회

여성: 초대교회의 하나 됨

일찍이 초대교회는 여성 차별이 심한 사회적 상황 속에서 여성이 남성과 동등하게 교회 공동체에 참여할 수 있는 길을 보여 주었습니다. 성경은 "너희는 유대인이나 헬라인이나 종이나 자유인이나 남자나 여자나 다 그리스도 예수 안에서 하나"(갈 3:28)라고 말합니다. 이러한 모습은 당시 교회 안 여성들의 리더십 부분에서 잘 드러납니다. 초대교회 초창기부터 그리스도인 여성들은 종종 교회 안에서 지도력을 발휘했습니다.[7]

바울은 겐그레아 교회의 집사인 "우리 자매 뵈뵈"를 로마 교회에 소개합니다(롬 16:1-2). 집사는 초기 교회에서 중요한 역할을 했던 지도자에 해당합니다. 특별히 재정을 모으고 분배하는 책임을 맡았습니다. 여성에게 중책을 맡기는 것이 이례적이었던 로마 시대에 바울은 여성과 남성을 차별하지 않았습니다.[8] 여성들은 바울의 동역자가 되어 복음전도자와 교사로 활약했습니다. 그리스도인 공동체는 여성의 역할에 대한 사회적인 통념을 깨는 혁신을 추구했습니다.[9]

어린이: 월트 디즈니가 오기 전부터

아이들에 관해서도 교회는 시대를 앞서갔습니다. 예수님은 아이들을 천대하던 시대에 어린아이의 편에 서셨습니다. 예수님은 "어린 아이들이 내게 오는 것을 용납하고 금하지 말라 하나님의 나라가 이런 자의 것이니라"(막 10:14b)고 말씀하셨습니다. 하나님의 나라는 어린이를 위한 나라였습니다. 그 나라는 월트 디즈니가 오기 전부터 있었습니다.[10]

예수님이 시작하신 운동이 퍼져 나가면서 아이들을 위한 대안 공동체가 생겨났습니다. 2세기, 당시 유행하는 아기 유기나 영아 살해를 교회는 엄격하게 금지했습니다. 4세기 말에는 기독교로 개종한 황제가 전 제국에 걸쳐 아기를 유기하는 관습을 법으로 금지시켰습니다. 세월이 지나면서 사람들은 아기를 똥구덩이에 던지지 않고 수도원이나 교회 앞에 두었고, 수도원과 교회는 아무도 돌보지 않는 어린 생명을 하나님의 선물로 여기며 돌보고 책임졌습니다. 그렇게 시작된 것이 보육원(고아원)입니다.[11]

장애인: "장애인이 없는 교회가 장애교회"

예수님은 장애에 대해서도 당시의 통념을 깨셨습니다. 당시

세상의 선물이 되는 교회

장애는 죄의 결과이며 장애인은 저주 받은 자, 부정한 자라는 인식이 있었습니다. 그러나 예수님은 오히려 "하나님이 하시는 일을 나타내고자" 하는 것이라고 말씀하셨습니다(요 9:1-3).

사도 바울도 장애에 대한 새로운 시선을 제시합니다. "더 약하게 보이는 몸의 지체가 도리어 요긴하고 우리가 몸의 덜 귀히 여기는 그것들을 더욱 귀한 것들로 입혀 주며 우리의 아름답지 못한 지체는 더욱 아름다운 것을 얻느니라"(고전 12:22-23)라며 하나님이 사람의 부족한 부분을 귀중한 것으로 채우신다고 말합니다.

장애가 하나님의 사랑을 증거하는 통로라면, 장애인의 존재는 축복이며 하나님을 아는 지식을 더욱 깊고 풍성하게 해 줍니다. 하지만 신앙생활에서조차 장애인이 소외되는 경우가 많습니다. 교회에서 장애인 사역을 펼쳐나가는 것에는 많은 어려움이 있기 때문입니다. 무엇보다 적지 않은 예산과 세심한 배려, 또 섬김이 필요합니다. 이동이 불편하지 않도록 공간의 동선을 고려해야 하고, 장애에 대한 이해 역시 중요합니다. 한국에서 장애인은 총 인구의 5% 정도로 추산합니다. 비율을 고려하면 교회 성도 20명 중 1명은 장애인

이어야 하지만, 장애인의 복음화율은 2-3%로 추정됩니다. 비장애인 기독교인이 전체 인구의 20% 정도인 것에 비하면 매우 낮은 수치입니다.

독일의 장애인 신학자 울리히 바흐Ulrich Bach는 "장애인이 없는 교회가 장애교회"라고 말했습니다. 서울 도봉구에 위치한 창동염광교회의 황성은 담임목사는 이 말에 공감하며 2000년부터 장애인과 비장애인이 공존하는 사역을 펼치고 있습니다. 장애를 가진 성도가 신앙생활하는 데 어려움이 없도록 돕고, 교회에서 가장 접근성이 좋은 곳을 장애인 관련 부서가 사용할 수 있도록 했습니다. 또한 장애인의 자립을 위해 직업교육과 일자리 제공을 이어 오고 있습니다. 그 예로, 교육을 받은 장애인들은 교회가 운영하는 협동조합(피어라희망 협동조합)을 통해 카페, 베이커리, 농장에서 일하고 있습니다. 그 사역 성과를 인정받아 현재는 도봉장애인종합복지관을 위탁운영하고 있습니다.

청년: 서로 배우고 성숙해지는 하나의 공동체

최근 한국사회에서 '청년'이 시대적 화두로 떠올랐습니다. 책 『90년생이 온다』는 기성세대와 다른 청년들의 모습을 분석하며 사람들의 많은 관심을 받았습니다. 한마디로 기존의 조직문화에 생경한 존재들이 등장했다는 것입니다. 하지만 '신세대'는 어느 시대에나 존재했습니다. 지금은 중년이 된 X세대의 파격적인 사고방식이 90년대에 주목을 받았던 것처럼 말입니다.

국민 5명 중 4명이 "세대 갈등이 심각하다"고 답변한 설문조사가 있습니다. 세대 간의 차이가 부각되면서 사회적 갈등이 양산되고 있는 것이 사실입니다.

교회는 다른 어떤 조직과 공동체보다 다양한 세대와 구성원들이 한자리에 모이는 장입니다. 이제껏 교회를 세우고 지켜 온 전통적인 가치 및 문화를 고수하고 싶은 이들과 새로운 문화와 사회적 흐름에 맞춰 변화를 바라는 이들은 서로를 이해하기 쉽지 않습니다. 하지만 각기 다른 경험과 지혜는 하나님의 선물입니다. 이해할 수 없다는 이유로 소통하지 않는다면, 결국 단절과 불신을 낳을 뿐입니다. 우리는 주님의 몸 된 교회의 지체로서 서로 포용하고 화합하는 평화와 사랑의 공동체를 세워 가야 합니다.

일례로, 청년 세대의 참여와 교회 공동체의 하나 됨을 위하여 높은뜻광성교회는 2014년부터 확대당회를 시작했습니다. 분기별로 열리는 확대당회에 청년 대표 2인이 언권위원으로 참석해 청년의 입장에서 안건에 대한 피드백을 적극 개진하고, 필요한 부분을 건의합니다. 이와 관련하여 높은뜻광성교회 청년마을공동체는 확대당회 참석 몇 주 전, 당회의 안건과 분기별 재무상태표 등을 공유받습니다. 청년마을 정기운영위원회는 이를 토대로 확대당회에 건의할 내용을 종합해 청년의 목소리를 전달합니다.

2021년부터 확대당회에 참여한 청년마을공동체 운영위원장 박경돈 청년은 확대당회를 통해 성장하고 있다고 말합니다. 그는 "우리 청년에게 연륜과 경험이 부족하다고 스스로 생각하는데, 확대당회를 통해 문제해결에 대한 지혜를 배우고 있다"면서, "당회가 배려해 주신 것같이 청년마을 운영위도 확대운영위원회를 통해 참석을 원하는 분을 받아, 보다 많은 청년의 의견을 수렴하고자 노력하고 있다. 확대당회를 통해 여러 시행착오를 줄이고 청년마을도 더욱 성숙한 공동체가 되어 간다"라고 말합니다.[12]

세상의 선물이 되는 교회

모두가 참여하는
교회 만들기

미국의 대표적인 기독교리서치기관 바나 그룹의 설립자 데이비드 키네먼David Kinnaman은 미국 청년들이 교회를 떠나는 이유 중 하나로 '가로막힌 질문'을 꼽습니다. 기독교 공동체가 확실성과 믿음을 동일시하며 신앙의 회의나 의심을 허용하지 않는 곳이 되었다는 것입니다. 그가 말하는 의심은 다음과 같은 것들을 포괄합니다.

- 교리나 신학·신앙에 대한 지적인 의심

- 교회의 어두운 면에 대한 실망과 비판
- 불만과 의심을 표현하지 않아서 더욱 커지는 의심
- 개인적인 삶의 위기에서 비롯된 회의감 등

그는 교회 공동체가 의심을 정직하게, 공개적으로, 관계적으로 소통하고 풀어 갈 수 있다면 모든 이들과 함께할 수 있을 것이라고 보았습니다.[13]

우리 교회는 어떠한가요? 의심과 질문을 가감 없이 터놓고 나눌 수 있는 공동체라고 할 수 있나요? 전 교인의 소통과 참여를 중요하게 여기는 한 교회의 이야기를 들려주고 싶습니다.

서울에 있는 그루터기교회는 주일 예배 후 전 교인이 '애찬'(성도들이 사랑의 교제를 나누기 위한 공동식사)을 나눕니다. 여성 교우들이 음식을 준비하고 남성 교우들과 청년들은 설거지를 합니다. 품이 많이 드는 일이라 어떤 이들은 부담을 갖기도 하고 준비하는 과정에서 갈등이 빚어지기도 합니다. 그러다 보니 애찬 시스템을 바꾸자는 의견이 지속적으로 나왔습니다. 그러나 의견만 무성할 뿐 결론은 나지 않았습니다.

세상의 선물이 되는 교회

2018년 어느 날, 중고등부 학생들이 애찬 준비에 대해 자발적인 토론을 했습니다. 그리고 그 결과를 적어 (담임목사님의 동의하에) 교회 안에 대자보를 붙였습니다.

안녕하세요. 중고등부입니다.

저희가 식사를 하면서 한 가지 의문점이 들었습니다. 복음은 성별을 초월하는 것인데, 왜 성별에 따라 애찬 준비의 역할이 달라야 할까요? '여자가 잘하기에 해야 한다'라는 편견은 잘못되었습니다. 애찬 준비 과정의 변화, 한 번쯤 생각해 보지는 않으셨나요? 만약 이런 분위기가 지속된다면 우리 공동체에 보이지 않는 벽이 생길 수 있습니다. 이러한 것은 하나님이 보시기에 옳지 않습니다.

우리 교회에는 많은 개혁된 모습이 있지만, 이러한 부분에서는 더욱 개혁이 필요합니다. 중고등부 내에서 많은 토론이 있었지만 성역할이 다른 것은 납득하기 어렵다는 결론을 내렸습니다. 어른들께서 이 문제를 회의를 통해 결정해 주시기 바랍니다.

"유대 사람도, 그리스 사람도 없으며, 종도 자유인도 없으며 남자와 여자가 없습니다. 여러분 모두가 그리스도 예수 안에서 하나이기 때문입니다"(갈라디아서 3장 28절).

- 그루터기교회 중고등부 -

중고등부 학생들이 물꼬를 트자 그동안 미뤄 왔던 애찬 준비에 대한 토의가 본격적으로 시작되었습니다. 참고로, 그루터기교회는 당회가 운영 전반에 대한 권한을 운영위원회에게 위임합니다. 운영위원회는 교인 평균 연령보다 젊은 남녀 성도가 비슷한 수로 참여하며, 담임목사와 장로가 각각 운영위원장과 당연직 운영위원으로, 그리고 당회에서 선임하고 공동의회에서 승인받은 총무를 비롯해 각 부서장들로 구성되어 있습니다.

그해 10월과 12월, 운영위원회는 두 차례에 걸쳐 전 교우가 참여하는 토의를 진행했습니다. 옳고 그름을 따지는 것이 아니라 그루터기교회의 '새로운 20년'을 꿈꾸며 그 비전 속에서 애찬에 대한 서로의 생각을 들었습니다. 연령대별로 소그룹마다 다른 색상의 포스트잇에 자신의 생각을 적어 한곳에 붙이고 설명하며 대화를 나눴습니다.

첫 번째 토의 내용을 반영하여 진행된 두 번째 토의에서는 애찬 봉사자, 메뉴 구성, 봉사자 조편성에 대해 나누었습니다. 이를 토대로 이듬해인 2019년 1월, 전 교우 대상 설문조사를 진행하고 그 결과를 가지고 2월에 운영위원회에서 애찬 개선안을 만들었습니다. 이후 이견을 가진 이들의 의

세상의 선물이 되는 교회

견을 듣고 수정하여 임시운영위원회를 거쳐 수정안을 가결했습니다. 이를 전 교우에게 발표하고, 매주일 애찬 방식 개선안대로 시행하게 되었습니다. 그 결과 남녀 구별 없이 각 조의 형편에 따라 역할을 분담했으며, 메뉴를 간소화하여 봉사자들의 부담을 줄였습니다.

그루터기교회는 소수의 리더십이 결정한 것을 나머지 성도들이 따르는 것이 아니라, 약 5개월 동안 애찬을 새로 디자인하는 것을 넘어서 모든 교우의 의견을 수렴하고 변화를 꾀하는 작업을 시도했습니다. 아이들의 대자보가 이 변화의 시작인 것이 의미 있습니다. 아마도 어떠한 질문과 의견, 생각도 존중받을 수 있다는 공동체적 신뢰가 있었기에 학생들이 자발적으로 의견을 낼 수 있었을 것입니다. 그리고 온 교회가 그 의문에 열렬하고도 진지하게 응답했습니다.

그루터기교회 안용성 목사는 이러한 과정을 "민주적 의사 결정 구조를 성숙시키는 실험"이라고 말합니다. 모두에게 의사를 표현할 기회가 주어지고 그 의견이 모두에게 공유되며 공동체 운영에 반영될 수 있는 민주적인 시스템이 발전할 때, 비로소 교회 공동체를 통해 하나님이 당신의 뜻을 계시하시고 서로를 통해 그 계시의 음성 듣기를 기대할 수 있다는 것입니다.

● "다양한 견해를 자유롭게 나눌 수 있고, 성경에 대해서도 개
  방적인 견해를 들을 수 있어서 신앙의 폭이 넓어짐을 느껴
  요."(60대 성도)
● "아무나 붙잡고 '하나님은 안 계신 것 같아요'라고 말해도 논리
  적 대화가 가능한 곳."(30대 성도)

　　그루터기교회 성도들이 꼽은 교회의 좋은 점입니다. 그
루터기교회는 가로막힌 질문과 의심의 벽을 넘어서, 열린
대화와 참여가 가능한 민주적인 교회 문화를 만들어 가기
위해 오늘도 치열하게 고민하고 있습니다.[14]

✦ 그루터기교회의 사례에서 가장 인상적으로 다가온 것은 무엇인
  가요?
✦ 내가 속한 공동체는 질문이나 의심을 어떻게 대하나요?
✦ 우리 교회가 보다 민주적인 구조를 갖추려면 무엇이 필요하다고
  생각하나요?

　　　　　　　세상의 선물이 되는 교회

✤ 함께 만들어 가는 하나님 나라

하나님의 부르심은 특정한 세대, 특정한 성별, 특정한 누군가에게만 해당되는 것이 아닙니다.

> 몸이 하나요 성령도 한 분이시니 이와 같이 너희가 부르심의 한 소망 안에서 부르심을 받았느니라(엡 4:4)

하나님은 각 사람을 그리스도의 몸으로 부르셨으며, 모든 지체가 그리스도 안에서 한 몸이 되게 하셨습니다. 건강한 교회에서는 귀한 지체, 쓸데없는 지체가 없으며 더 약하게 보이는 몸의 지체가 도리어 요긴합니다. 성령이 주신 은

사를 따라 지체들이 서로 돌보며 모두를 유익하게 합니다. 함께 고통받으며 함께 즐거워합니다(고전 12장). 다양한 생각과 모습과 경험들을 이야기할 수 있는 기회가 주어지고 모두가 그 이야기에 귀 기울이며 수용할 때, 비로소 교회라고 말할 수 있을 것입니다. 서로 다른 음들이 어울려 아름다운 화음을 내는 것처럼, 제각기 다른 지체들이 모여 한 몸을 이루는 것입니다. 그렇게 예수 그리스도 안에서 하나 될 때, 하나님은 교회를 통해 당신의 역사를 온전히 이루어 가십니다. 그 과정에서 교회 구성원은 사랑 안에서 서로를 이해하고 존중하며, 서로 세우고 서로에게 배워 나갈 수 있습니다.

편을 가르고 갈등을 양산하는 세상 문화를 넘어서 모두와 함께 하나님 나라의 공동선을 이뤄 가도록 노력해야 합니다. 이것이 오늘을 살아가는 한국교회의 소명입니다.

묵상과 토론을 위한 질문

✦ 성경은 "너희는 유대인이나 헬라인이나 종이나 자유인이나 남자나 여자나 다 그리스도 예수 안에서 하나이니라(갈 3:28)"고 말씀합니다. 건강한 교회는 그리스도 안에서 평등 공동체를 지

세상의 선물이 되는 교회

향합니다. 우리 교회는 예수 그리스도 안에서 모든 지체가 하나 된 공동체를 이루기 위해 어떤 노력들을 하고 있나요?

✦ 우리 교회가 하나님 나라를 맛보는 곳이 되기 위하여 변화해야 할 것이 있나요? 변화를 위해 개인적, 공동체적, 제도적으로 어떤 노력이 필요할지 생각해 봅시다.

	변화가 필요한 영역	실천사항
나		
공동체		
교회 조직과 제도		

▶찬양
이런 교회 되게 하소서 _작사·곡 김인식

▶함께 기도합니다
교회의 머리 되시는 주님, 주님의 몸 된 교회가 거룩하고 아름다운 곳이 되기를 원합니다. 이 교회가 우리를 통하여 하나님의 나라를 먼저 맛보는 곳이 되게 하옵소서. 함께 지어져 가는 교회, 서로 사랑하며 존중하고 배려하는 교회, 세상의 모범이 되는 교회가 되게 하옵소서. 예수님의 이름으로 기도합니다. 아멘.

세상의 선물이 되는 교회

4장

희망

교회,
하나님 나라가
임하는 통로

한눈에 읽기

"나라가 임하시오며 뜻이 하늘에서 이루어진 것같이 땅에서도 이루어지이다." 예수님이 가르쳐 주신 기도는 우리의 사명이 무엇인지를 알려 줍니다. 이 땅을 향한 하나님의 비전은 태초부터 시작되었으며, 예수님의 공생애 사역의 전부였고, 새 창조로 완성될 것입니다. 이 비전의 성취를 위해 교회는 부름받았습니다. 하나님은 우리에게 세상의 희망이 될 것을 당부하십니다.

키워드

#하나님_나라의_비전 #기독교의_사회_참여
#변혁과_회복

연관 설문

'교회의 건강성 측정을 위한 조사' 사회구성원 차원 28, 29, 30, 37, 39번

교회, 하나님 나라가 임하는 통로

> "너는 내게 부르짖으라 내가 네게 응답하겠고
> 내가 이 성읍을 치료하며 고쳐 낫게 하고
> 평안과 진실이 풍성함을 그들에게 나타낼 것이며"
>
> 렘 33:3a, 6

✤ 더 좋은 세상을 만드는 사명

영국의 젊은 정치인 윌리엄 윌버포스William Wilberforce는 회심 후 영국 정치계를 바라보며 한탄했습니다. 도박과 간음 등 도덕적으로 타락한 동료 정치인들과 같은 길을 갈 수 없었습니다. 1785년, 장래가 촉망되던 스물다섯의 정치인은 고민 끝에 "하나님을 위해 살려면 세상을 버려야 한다"면서 목회자의 길을 가기로 결심합니다. 하지만 당시 복음주의 운동의 지도자이자 찬양 「나 같은 죄인 살리신」*Amazing Grace*의 작사자 존 뉴턴John Newton의 만류에 자신을 향한 하나님의 뜻을 구하게 됩니다. 1787년 10월 28일, 그는 일기에 이렇게 썼습니다.

"전능하신 하나님께서 나에게 두 가지 커다란 사명을 주셨다. 노예무역을 폐지하는 것과 이 나라의 관습을 개혁하는 것이다."

정치인으로서 세상을 변화시키는 것이 하나님의 뜻대로 사는 신앙과 결코 무관하지 않음을 깨달았던 것입니다.

당시 흑인은 한 인간으로 존중받지 못했습니다. 노예가 된 흑인들의 삶은 처참했습니다. 노예무역은 당시 유럽의 제국주의적 식민정책과 함께 점점 확대되었습니다. 18세기 말 영국은 노예제를 역사적인 관습으로 당연시하며 국가 수입의 3분의 1을 노예무역을 통해 얻고 있을 정도로 정치적, 경제적 이해관계가 엮여 있는 상황이었습니다. 윌버포스가 노예제와 노예무역 철폐를 주장했을 때, 많은 이들의 조롱과 거센 반대를 마주했습니다. 그러나 윌버포스와 동료들은 굴하지 않고 전략적으로 법안 통과를 시도했습니다. 영국 각지를 돌아다니며 대중을 설득해 여론을 만들었습니다.

그렇게 1807년에 노예무역금지법이 통과되고, 1833년 7월 26일 드디어 대영제국 전체의 노예제폐지 법안이 통과됩니다. 자그마치 45년이란 긴 시간이 걸렸습니다. 10여 년 간 병상에 있던 윌버포스는 이 소식을 듣고 성경을 품에 안으며 "하나님께 감사하고 세상 모든 이에게도 감사하다"는 말을 남기고 3일 후 하나님의 품에 안겼습니다.

윌버포스는 노예 해방뿐 아니라 굴뚝 청소부와 면방직 노동자의 노동 조건 개선, 빈곤층 자녀들의 교육 기회 확대, 억울하게 누명 쓴 이들을 위한 법 제안, 부패선거구 폐지와 동물학대 반대운동 등에 힘쓰며 신앙이 정의의 문제와 결코 무관하지 않음을 몸소 보여 주었습니다. 그가 다른 정치인들처럼 살고자 했다면 아마도 영국 수상의 자리에 올라 당대 가장 힘 있는 정치 지도자가 되었을지 모릅니다. 하지만 그는 자신의 힘과 영향력을 하나님의 뜻을 위해 사용하기로 결정했습니다.[1]

> "기독교는 천국과 세상을 동시에 다룬다. 인간의 영혼에만 관심을 표하고 뒷골목에 전혀 관심 없는 기독교, 그들을 질식시키는 경제적 악조건과 약자로 만드는 사회적 악조건에 관심을 두지 않는 기독교는 무의미하다."[2]
>
> — 마틴 루터 킹Martin Luther King Jr.

✦ 영적인 것과 사회적인 것

윌리엄 윌버포스와 같은 이들의 수고로 오늘날 노예 제도는 자취를 감추었습니다. 하지만 현대 사회는 노예제도보다 보다 근원적인 수렁, 곧 비인간화의 죄에 깊이 빠져들고 있습니다. 분열과 소외가 날로 심각해지고 자본 논리가 모든 것보다 우선시되고 있습니다. 나와 내 가족 건사하기도 버거운 시대에 많은 이들이 마음의 평안과 위로를 얻기 위해 교회를 찾습니다. 교회에서 받은 은혜로 겨우 한 주를 살아갈 힘을 얻곤 합니다. 이러한 시대에 하나님이 우리에게 주시는 사명은 무엇입니까? 그리스도인이 더 좋은 세상을 만든다면, 그것은 신앙과 어떤 관계가 있을까요?

세상의 선물이 되는 교회

'교회의 건강성 측정을 위한 조사' 결과인 「한국교회 건강성 분석 리포트」에 세상을 향한 교회의 관심 여부에 대해 확인할 수 있는 내용이 있습니다.[3] '사회구성원' 영역의 결과를 보면 그리스도인들은 기본적으로 교회가 사회에 관심을 갖고 참여하고 있다고 여기는 것을 알 수 있습니다. "신앙 공동체인 교회도 사회에 필요한 기구/영역 중 하나다"(82.2점), "우리 교회는 사회적 약자를 위해 필요한 제도나 정책을 지지한다"(80.9점), "우리 교회는 우리 사회의 중요한 이슈에 대해 성경적 관점에서 의견을 제시한다"(80.8점) 항목이 그렇습니다. 그 밖에 개인의 사회적 책임을 강조하거나(80.3점) 연약한 지체를 지원하고 지지하는 식의 사회 참여(82.9점) 면에서도 높은 점수를 보입니다.

그런데 자세히 살펴보면 고개를 갸우뚱하게 되는 부분이 있습니다.

- 1위 우리 교회는 형편이 어려운 교회를 도와주려고 노력한다.
- 4위 우리 교회는 사회적 약자를 위해 필요한 제도나 정책을 지지한다.
- 16위 우리 교회는 한국사회의 불평등 문제에 관심을 가진다.

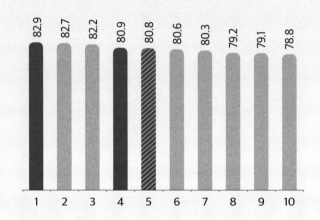

• 한국교회의 건강성 - 사회구성원 차원
(교회 출석자, 순위 순, 100점 기준) •

82.9	82.7	82.2	80.9	80.8	80.6	80.3	79.2	79.1	78.8
1	2	3	4	5	6	7	8	9	10

1 우리 교회는 형편이 어려운 교회를 도와주려고 노력한다
2 우리 교회의 재정은 투명하게 사용되고 있다
3 신앙 공동체인 교회도 사회에 필요한 기구/영역 중 하나다
4 우리 교회는 사회적 약자를 위해 필요한 제도나 정책을 지지한다
5 우리 교회는 우리 사회의 중요한 이슈에 대해 성경적 관점에서 의견을 제시한다
6 우리 교회는 교회 구성원들의 의견을 잘 수용하고 반영하는 편이다
7 우리 교회는 성도들이 일터에서 자신이 가진 지위, 권한, 능력을 사용하여 모범적인 직장을 만들어 가도록 가르치고 있다
8 우리 교회는 교회 직원, 부교역자 등의 업무 환경 면에서 모범이 되고 있다
9 우리 교회는 다른 교회와 협력하여 지역사회를 위한 활동에 참여한다
10 우리 교회는 나와 다른 의견을 경청하고 대화하는 문화가 잘 발달해 있다

세상의 선물이 되는 교회

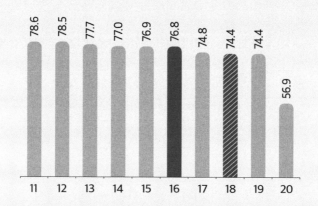

11 교회의 자산은 사회적 공공재의 일부로 볼 수 있다

12 우리 교회는 한국사회의 디지털 전환을 적극 수용한다

13 우리 교회는 지역의 외부 단체들과 협력해서 자원봉사 활동을 진행한다

14 우리 교회는 의사결정 기구에 청년과 여성 대표를 할당하고 있다

15 우리 교회는 교회 시설을 지역 주민들에게 개방한다

16 우리 교회는 한국사회의 불평등 문제에 관심을 가진다

17 우리 교회는 기후변화 문제에 관심을 가진다

18 우리 교회는 공동선을 훼손하는 정치/경제/사회제도의 변화를 위해 공
적인 의견을 제시하고 있다

19 우리 교회는 사역 계획을 수립할 때 지역 주민들의 의견을 청취한다

20 나는 우리 교회 공예배에서 성별, 장애인, 지역, 인종, 학력 등에 대한
차별/혐오 발언을 들은 적 있다

세 항목이 비슷한 내용인데 어떤 것은 상위권에, 어떤 것은 하위권에 있는 것을 보게 됩니다. 이런 현상이 또 나타나는 항목들이 있습니다.

- 5위 우리 교회는 우리 사회의 중요한 이슈에 대해 성경적 관점에서 의견을 제시한다.
- 18위 우리 교회는 공동선을 훼손하는 정치/경제/사회제도의 변화를 위해 공적인 의견을 제시하고 있다.

5위 문항의 "우리 사회의 중요한 이슈"와 "성경적 관점"이라는 표현을 현실 사회의 언어로 좀 더 구체화했더니 최하위권 18위를 기록한 것입니다. 왜 이런 차이가 생겼을까요?

한국교회는 처음 교회가 세워졌을 때부터 지금껏 사회의 일원으로서 각종 병폐를 극복하기 위해 기도하며 연약한 지체들을 돕는 데 헌신적이었습니다. 미자립 교회를 지원하고, 복지 사각지대에 놓인 사람들을 찾아가는 등 어려움을 겪는 개인들을 찾아가 위로하고 돌봤습니다. 한국에서 복지와 봉사에 가장 열심인 종교를 꼽는다면 단연 기독교일 것입니다. 하지만 상대적으로, 경제적 불평등 구조나 공동선

훼손 등 사회정치적인 문화 그 자체와 제도, 정책에 관심을 갖고 적극적으로 의견을 제시하는 면에서는 부족하다는 것을 설문결과를 통해 확인할 수 있습니다.

그런데 성경은 영적인 문제가 결코 현실의 사회·문화와 무관하지 않음을 말씀합니다.

1. 문화 창조. 하나님은 이스라엘 백성이 애굽을 떠나 가나안 땅에 이르기 전, 그들에게 하나님의 백성답게 살 것을 당부하시면서 613가지의 율법을 세우셨습니다. 이 율법에는 도덕법(십계명), 제사법(하나님께 제사하는 것과 관련된 법), 사회법(약속의 땅에서 하나님의 뜻대로 살아가기 위한 법)이 포함되어 있습니다.

2. 문화 존중. 예수님은 이러한 계명들을 잘 알고 계셨습니다. 인간 사회의 문화 안에서 자라나셨기 때문입니다. 유대인으로 태어나 기본적으로 모세의 율법을 따르셨습니다. 유월절을 지키고 회당 중심의 1세기 유대의 전통과 문화를 존중하셨습니다.

3. 문화 변혁. 그런데 당시 문화는 본래의 정신을 잃은 상태였습니다. 예수님은 인간이 이기심과 욕망, 타성과 관습에 젖어 하나님의 것을 왜곡시키고 오용한 잘못된 질서와 문

화를 바로잡으셨습니다. 위선과 율법주의 형식으로 가득 차 있던 바리새인과 율법학자들을 폭로하셨습니다. 안식일에 제자들과 밀밭을 지나시다 이삭을 손으로 비벼 먹었으며, 귀신을 내쫓으셨고, 손 마른 사람과 열여덟 해 동안 고통받던 이를 고치시는 등 안식일을 범하는 자는 돌로 쳐 죽이라는 제사법(안식일 규정, 출 31:14-15; 35:2)을 깨뜨리셨습니다. 그뿐만 아니라 간음하다 끌려온 여인을 용서하시고 오히려 이 여인을 고발하려던 자들을 비판하시는 것으로 간음한 자는 돌로 쳐 죽이라는 사회법(레 20:10; 신 22:22)에 맞서셨습니다.

예수님은 율법이나 유대인들이 쌓은 전통적인 문화를 무시하며 무너뜨리신 것이 아닙니다. 오히려 하나님이 제정하신 율법의 진정한 의미를 밝히셨습니다. 사람들을 회개의 길로, 사랑과 공의의 길로 부르셨습니다. 가르침과 선포, 그리고 삶으로 하나님의 새로운 질서를 나타내 보이셨습니다.

네가 생명에 들어가려면 **계명들**을 지키라 (마 19:17c)

묵상과 토론을 위한 질문

✦ 기도와 성경 읽기, 전도와 교회 활동에 열심히 참여하지만 세상에서는 신앙과 무관한 삶을 살아가는 사람들이 주변에 있나요? 그에 대해 어떻게 생각하는지 이야기해 봅시다.

✦ 성경에서 확인할 수 있는 사회 참여 방법 세 가지는 오늘날 법과 제도, 문화 등에도 적용할 수 있습니다. 이를 오늘의 현실에서 어떻게 시도할 수 있을지 나눠 봅시다.

- 문화 창조:
- 문화 존중:
- 문화 변혁:

✤ 세상을 변화시키는 하나님의 비전

하나님은 그리스도인에게 세상을 변화시키는 비전을 주셨습니다. 성경에서 그 비전을 확인할 수 있습니다.

창조의 비전과 청지기

하나님의 거룩한 비전은 창조와 함께 시작되었습니다. 하나님이 지으신 세계는 하나님의 권능과 영광을 드러냅니다. 또한 사랑이 풍성한 하나님의 통치가 충만합니다(시 19편; 롬 1:20). 하나님은 에덴에서 인간과 함께하시며 그에게 특별한 임무를 주셨습니다.

> 여호와 하나님이 그 사람을 이끌어 에덴 동산에 두어 그것을 **경작하며 지키게 하시고**(창 2:15).

아담과 하와는 하나님이 만드신 것들을 돌볼 책임이 있었습니다. 이러한 책임은 믿음의 계보에서 첫 사람인 아담으로부터 이어져 오늘날 우리에게도 적용됩니다. 우리는 하나님의 청지기이자 하나님의 창조적 본성을 따라 지음 받은 이로서, 하나님의 세상을 소중히 여기고 만물에 깃든 하나님의 영광이 온전히 드러나도록 하나님의 창조적 사역에 동참해야 합니다.

세상의 선물이 되는 교회

예수님의 비전과 하나님 나라의 복음

예수님은 공생애를 시작하시며 이 땅에 임할 하나님 나라를 선포하셨습니다. 그것은 예수님이 이 땅에 오신 목적이었습니다.

주의 성령이 내게 임하셨으니 이는 가난한 자에게 복음을 전하게 하시려고 내게 기름을 부으시고 나를 보내사 포로 된 자에게 자유를, 눈 먼 자에게 다시 보게 함을 전파하며 눌린 자를 자유롭게 하고 주의 은혜의 해를 전파하게 하려 하심이라 하였더라(눅 4:18-19)

흑암에 앉은 백성이 큰 빛을 보았고 사망의 땅과 그늘에 앉은 자들에게 빛이 비치었도다 하였느니라 이때부터 예수께서 비로소 전파하여 이르시되 회개하라 천국이 가까이 왔느니라 하시더라(마 4:16-17)

예수님은 공생애 3년 동안 하나님 나라의 복음을 가르치시고, 전파하시고, 병든 이들을 고치셨습니다. 예수님이 전하신 복음은 좋은 소식이었습니다. 예수님은 속박되고 억압

된 사람들이 자유를 누리고 어둠에 거하던 이들에게 빛이 임하게 하셨습니다. 하나님 나라, 하나님의 통치를 맛보게 하신 것입니다. 예수님은 하나님 나라가 임박했음을 선포하시면서 사람들에게 회개와 삶의 변화를 요구하셨습니다. 곧, 사랑과 정의, 생명과 평화라는 하나님 나라의 가치이자 공동선으로의 초청입니다.

복음은 우리들 개개인의 영혼을 변화시킬 뿐 아니라 세상을 변화시키는 일과 관계가 있습니다. 예수님의 생명의 복음은 '속사람'의 영적인 부분을 새롭게 하며 '겉사람'의 일들, 곧 가난과 배고픔, 질병과 압제 등 왜곡되고 비틀어진 삶의 환경으로부터 해방되는 데에도 주의를 기울입니다(마 5:3-12; 눅 4:18-19; 6:20-26). 죄로 인해 깨어진 세상을 고치고 회복시키는 일은 예수님의 구속 사건의 일부였습니다.

이 일을 함께하기 위하여 예수님은 제자들을 부르셨습니다. 그리고 그들에게 기존의 삶의 질서로부터 돌이켜 회개하고(메타노에이테; μετανοειτε) 모든 것을 바꾸는 변화에 동참해 하나님 나라의 새로운 질서로 나아가라고 하셨습니다.

세상의 선물이 되는 교회

새 창조의 비전과 회복

성경의 첫 책인 창세기는 창조와 타락 이야기를 다룹니다. 그리고 가장 마지막 책인 요한계시록에는 이 모든 것의 회복 이야기가 담겨 있습니다.

> 또 내가 보매 거룩한 성 새 예루살렘이 하나님께로부터 하늘에서 **내려오니**(계 21:2a)

하나님은 세상의 마지막 날에 에덴 동산이 아니라 새로운 성전을 선물로 주겠다고 말씀하십니다. 거룩한 성 새 예루살렘은 공의로우신 하나님의 통치와 그분을 향한 거룩한 예배로 충만합니다. 이스라엘 땅이라는 특정 시공간에 제약을 받는 예루살렘 성전과 달리, 어떠한 한계도 결함도 없는 새 예루살렘은 하늘로부터 내려와 창조 세계 전체를 완성합니다. 이제 세상은 하나님과 피조물들이 온전히 함께할 수 있는 하나님의 집이 되는 것입니다.

하지만 이러한 새 창조의 비전, 예수님이 선포하신 하나님 나라의 완성은 아직 이루어지지 않았습니다. 피조물들은 영원한 하나님의 나라가 이루어지기를 고통 중에서 애타게

기다리고 있습니다. 하나님은 마지막 날에 이 모든 눈물을 닦아 주시고 사망이나 애통하는 것이나 아픈 것이 다시 있지 않도록 만물을 새롭게 하시며 영광의 나라에 이르게 하실 것입니다(롬 8:18-23; 계 21:1-4).

> "기독교인이 된다는 것은 개별적, 집단적, 사적, 공적인 모든 생명을 회복하려는 하나님의 목적을 추구하면서 세상에 관여하는 것이다. 이것이 창조 명령이다."[4]
>
> - 제임스 데이비슨 헌터James Davison Hunter

✦ 교회, 변혁의 사명을 맡은 자들

세상을 변화시키는 하나님의 비전을 이루기 위하여 예수님은 이 땅에 하나님 나라의 일들을 펼치셨습니다. 그런데 그 일을 홀로 하지 않으시고 제자 공동체를 이루어 그들과 함께 하셨습니다. 제자 공동체는 훗날 성령의 강림으로 교회 공동체가 됩니다. 교회는 하나님의 영광을 위해, 그리고 하나님의 관심 대상인 세상을 위해 존재합니다. 따라서 교회는 하나님

세상의 선물이 되는 교회

의 창조적 비전에 동참하여 창조의 완성, 곧 새 창조를 이루는 사명을 갖습니다. 다시 말해, 예수님이 공생애 중에 하셨던 하나님 나라의 사역, 이 땅 위에 하나님 나라의 새로운 질서를 선포하는 사명을 이어받는 것입니다.

새 하늘, 새 땅의 하나님 나라 비전은 교회에게 현실 세계를 변화시키는 힘을 줍니다. 이 땅에 존재하는 교회는 성령의 능력 안에서 종말론적 하나님 나라를 기대하며, 하나님이 빚으신 이 세계에 예수님이 선포하신 하나님 나라가 오게 하는 변혁적 공동체여야 합니다. 프레드릭 캐서우드 Frederick Catherwood는 "사회를 개혁하려는 노력은 세속적인 것이 아니라 사랑이다. 사회에서 손을 떼는 것이야말로 사랑이 아니라 세속적인 것이다"라고 하였습니다.[5] 세상에 대한 교회의 관심과 책임은 태초부터 지금까지 한 번도 끊어진 적 없는 하나님의 뜻이요, 하나님의 구원의 비전입니다.

✤ 뜻이 하늘에서 이루어진 것같이 땅에서도

예수님이 가르쳐 주신 기도는 1세기 팔레스타인 사람들의 힘겨운 삶을 배경으로 합니다. 당시 지중해 세계를 지배하던 로마는 유대 백성들을 착취하고 있었습니다. 가혹한 세금과 노역으로 고된 삶은 차라리 노예 되기를 자처하도록 했습니다. 이들에게 예수님이 전하신 하나님 나라는 제국의 지배로부터 해방되고 세상을 변혁시키는 새로운 꿈이었습니다. 곧, 무너졌던 정의가 회복되어 하나님의 통치가 이루어지는 것입니다. 그러므로 "나라가 임하시오며"의 기도는 "뜻이 하늘에서 이루어진 것같이, 땅에서도 이루어지게 하옵소서"의 기도로 확장됩니다.

하늘의 길은 땅의 길과 이어져 있습니다. 그래서 이 땅에서 하나님 나라를 살아가는 것이 중요합니다. 오늘날 이 땅에서 생명을 살리는 것이 기독교의 본령이고, 빚의 탕감이 이웃 사랑의 실천이라 여기며 하나님의 정의, 평화, 생명의 길을 향해 꾸준히 발걸음을 내딛는 이들과 교회가 있습니다.

생명 정의: 천하보다 귀한 한 생명을 살리기 위해

2009년 12월, 주사랑공동체교회 이종락 목사와 정병옥 사모는 교회 담벼락에 한국 최초로 베이비박스를 설치한 것을 시작으로 14년간 2천 명이 넘는 아이를 살려냈습니다. 두

세상의 선물이 되는 교회

사람은 기도하면서 "버려진 아이들을 안전하게 거두어 살리는 일"을 하나님이 맡기신 사명이라고 확신했습니다. 베이비박스에 놓인 아기를 돌보는 일 외에도 친부모 상담과 지원에 힘쓴 덕에 최근 몇 년 사이 친부모의 품으로 돌아간 아기의 수가 증가하고 있습니다. 현재는 재단법인 주사랑공동체로 이관되어 보다 체계적으로 이 일을 감당하고 있습니다.

베이비박스를 합법화하는 것은 쉽지 않은 문제입니다. 베이비박스가 영아 유기를 조장한다는 의견도 있기 때문입니다. 하지만 베이비박스 설치 이후 다른 장소에 유기된 아기의 수가 현저히 줄어들었고, 위기에 놓인 아기들을 살리고 있다는 점을 간과할 수 없습니다. 우리 사회가 사회안전망이 잘 마련되어 있어 혼자라도 아이를 키울 수 있는 환경이었다면 베이비박스는 생겨나지 않았을 것입니다. "베이비박스라는 주사랑공동체가 없었더라면 아마 저는 끔찍하지만 아기랑 극단적인 선택을 했을 수도 있을 것 같아요. (…) 정말 희망이 돼 줬다고 해야 할까요? 빛이 되어 줬다고 해야 할까요."[미혼모 김미숙(가명) 인터뷰 중][6]

사회 문제는 개인 및 공동체의 사명과 결코 무관하지 않습니다. 신생아 유기라는 죽음의 문화 속에서 주사랑공동체

교회는 사랑의 실천, 생명의 일을 시작하였습니다. 아이들이 사회구성원으로 건강하게 자랄 수 있도록 관련 제도(출생통보제, 보호출산제 등)의 필요성을 공론화하고 이런 제도가 국회에서 통과하는 데 영향을 미쳤으며, 이를 통해 사람들은 생명의 무게를 절감하고 사회적 지원과 관심이 필요함을 깨닫게 되었습니다.

경제 정의: 모두 함께 잘사는 세상을 위해

레위기에 나오는 희년 제도가 오늘의 시대에 이루어질 수 있을까요? 이 질문에 '그렇다'고 응답한 곳이 있습니다. 가계부채가 한국사회의 심각하고 절박한 문제가 된 상황에서, 생계적인 어려움과 구조적인 악순환의 고리로부터 벗어나기 위해 공동 노력의 필요성을 절감하는 교회와 기관들입니다.

기독교윤리실천운동은 2017년부터 뜻있는 교회 및 그리스도인과 함께 학자금, 생활비, 주거대출비 등 다양한 이유로 경제적 어려움을 겪는 청년들의 재정 관리 교육 및 부채 해결을 위한 사업을 시작했습니다. 온누리교회는 '부채탈출119'와 '긴급구호자금'을 운영하고 있으며, 예수마을교회는 청년부 대상으로 '희년마을기금'을 운영해 경제적 도

세상의 선물이 되는 교회

움을 주고 있습니다.

직접적인 재정 지원 외에 일자리 및 창업 지원에 나선 교회들도 있습니다. 1986년 인천 지역 노동자들에 의해 세워진 해인교회는 출산 가정 도우미, 지역아동센터 도우미, 숲 생태해설, 아파트 택배 등 여러 사업단을 구성해 천 명이 넘는 어르신들에게 일자리를 제공하고 '실버자원협동조합'을 결성해 폐지 줍는 어르신들을 지원하고 있습니다.[7] 만나교회는 2018년에 청년 창업 지원 프로젝트를 시작했습니다. 이 밖에도 많은 교회들이 재활용센터나 카페, 협동조합, 도농간 직거래, 사회적 기업 등을 통해 일자리 창출과 지원에 기여하고 있습니다. 기독교사회적기업지원센터는 교회가 이러한 사회적 참여를 모색하고 시도할 수 있도록 컨설팅 및 다양한 도움을 제공하고 있습니다.

사람보다 돈을 중시하는 자본주의 사회에서는 취약계층이 내몰릴 수밖에 없습니다. 여러 교회와 기관들은 사회안전망의 사각지대에 있는 이들, 곧 사회적 약자들이 희망을 가질 수 있는 세상을 꿈꾸며 노력을 해 오고 있습니다.

생태 정의: 창조세계 회복을 위해

서울제일교회는 설립 70주년을 맞아 한국교회 최초로 '기후위기시계'를 설치했습니다. 기후위기시계란, 기후재앙을 막기 위한 마지노선인 지구 평균온도 1.5도 상승까지의 남은 시간을 시각화한 시계입니다. 산업화 이후 급속히 높아진 이산화탄소 배출로 인해 지구의 평균온도가 점점 오르고 있습니다. 1.5도 상승하면 폭염은 8.6배, 가뭄은 2.4배, 강수량은 1.5배 발생 빈도가 늘어날 것으로 예측합니다. 이제 1.5도 상승까지 얼마 남지 않았습니다.

"피조물이 다 이제까지 함께 탄식하며 함께 고통을 겪고 있는 것을 우리가 아느니라"(롬 8:22). 고통받고 신음하는 피조물과 아이들의 미래를 생각하면 생태적 삶으로의 전환은 아무리 빨라도 빠른 것이 아닙니다. 서울제일교회는 기후위기의 심각성을 인식하여 전 교인이 생태운동과 교육에 적극적으로 참여하고 있습니다. 뿐만 아니라 서울 종로 대로변에 친환경물품을 판매하는 제로웨이스트 가게 '나아지구'를 열고, 옥상에 태양광 발전소를 설치하였으며, 정원과 텃밭을 가꾸는 등 탄소 발생을 줄이는 데 힘쓰고 있습니다.

과천교회 주현신 담임목사는 "교회가 꼭 해야 할 일 중

하나가 창조세계 보전이라고 생각"한다고 말합니다. 태안 앞바다 기름유출 사고 현장에서 자원봉사를 했던 것을 계기로, 체계적이고 지속적인 환경선교를 위해 환경선교부를 신설했습니다. 특히 자녀들이 살아갈 세계에 대한 고민이 큰 3040세대의 참여가 활발합니다.

2022년 한국기독교교회협의회 생명문화위원회는 기독교환경운동연대 및 여러 교단 관계 부서와 함께 '한국교회 2050 탄소중립 로드맵'을 발표했습니다. 한국사회의 탄소중립 로드맵에 따라 한국교회도 발맞추겠다는 차원입니다. 탄소중립이란 에너지 소비, 물건 생산 등으로 인해 발생하는 탄소량과 나무 등이 흡수하는 탄소량을 같게 하는 것입니다. 더 이상 대기 중 탄소(온실가스)의 양이 늘어나지 않도록 하겠다는 의지입니다. 탄소중립을 실현하기 위해서는 여러 교회와 그리스도인들의 참여 및 연대가 필요합니다. 우리는 하나의 집, 지구의 모든 존재와 함께 살아가는 가족이기 때문입니다.

피조세계를 지키는
녹색교회

생태 관련 사역을 하는 기독교 비영리단체 중 한 곳인 기독교환경교육센터 살림이 기독교윤리실천운동과 협력하여 기후위기 탄소중립을 위한 그리스도인과 교회의 신앙실천 사항을 〈1.5℃ 기후교회 기후증인 행진〉으로 정리하였습니다. 내용의 일부를 정리해 적습니다. 각자의 삶과 교회에 적용할 수 있도록 노력해 봅시다.

• 탄소중립 제로웨이스트 신앙실천 캠페인 •
<1.5℃ 기후교회 기후증인 행진>

살림 기도 행진

단계	내용	실천
1단계	• 하나님이 창조하신 모든 생명의 존엄성 묵상하기 • 기후난민들의 아픔을 생각하며 묵상하기	
2단계	• 공동체와 '하나님의 창조'를 찬양하는 찬양 부르기 • 공동체에서 환경 기도문 함께 작성하기	
3단계	• 시편 '창조에 대한 설교' 시리즈나 환경 문제에 대한 기독교적 관점을 담은 말씀 전하기 • 환경기념일에 특별예배 또는 자연과 함께하는 예배 기획하기	

에너지 전환 행진

단계	내용	실천
1단계	• 타이머 콘센트를 사용하여 대기전력 차단하기 • 창틀과 문틈 바람막이 설치하기	
2단계	• 고효율 전자기기/LED조명 사용하기 • 전년 대비 에너지 효율 개선을 달성할 수 있는 목표 세우기	
3단계	• 재생용지 주보 또는 전자주보 사용하기 • 교회 옥상에 태양광 발전기 설치하기	

소비 행진

단계	내용	실천
1단계	• 꼭 필요한 것만 구매하고, 과대포장 제품 안 사기 • 식단계획과 유통기한을 고려해 최소한의 식재료만 구입하기	
2단계	• 교회 행사 시, 불필요한 포장재 줄이기 • 국내산, 지역 농산물을 활용하여 공동 밥상 차리기	
3단계	• 교회학교나 행사에 사용하는 물품은 녹색제품 사용하기 • 한 달에 한 번 고기 없는 채식 밥상으로 공동식사하기	

수송 행진

단계	내용	실천
1단계	• 자동차 2분 이상 정차 시, 엔진을 끄고 자연의 소리 듣기 • 배달음식 대신 용기를 지참하여 포장해 오기	
2단계	• 교회 행사는 내부 또는 근거리에서 하기 • 예배와 행사에 가까운 거리는 걷거나 자전거를 이용하도록 안내하기	
3단계	• 교회 차량을 전기, 수소 버스로 교체하기 • 교회 주차장에 전기차 충전소와 자전거 거치대 설치하기	

자원순환 행진

단계	내용	실천
1단계	• 음식 포장 시, 일회용품 줄이기 • 종이타월과 물티슈 사용 줄이고 개인 손수건 사용하기	

세상의 선물이 되는 교회

2단계	• 교회 내 재활용 수거시설 설치하기 • 교회 카페나 주방에서 일회용 컵 대신 다회용 컵 사용하기	
3단계	• 회의할 때, 종이 인쇄보다는 태블릿이나 전자기기 활용해 서 보기 • 1회용 현수막과 배너 대신 스크린 활용하기	

흡수원 행진

단계	내용	실천
1단계	• 집과 사무실에서 식물 가꾸기 • 화단이나 자투리 공간을 활용해 텃밭 만들기	
2단계	• 교회에서 모든 구성원에게 산림, 습지, 토양, 해양에 대해 교육하기 • 교회에 공동체 텃밭을 만들고 이웃들과 작물 나누어 먹기	

3단계	• 환경기념일에 동참하여 환경주일 또는 환경기념 주간으
	  로 지키기
	• 교회 건물이 지역사회의 건물 및 제반시설과 조화롭게 어
	  우러지고 자연을 훼손하지 않도록 하기	

들음과 나섬 행진

단계	내용	실천
1단계	• 기후난민이나 멸종위기 동물을 지원하는 활동가나 선교 사에게 후원하기 • 기후위기 대응 정책을 입안하는 정치인에게 투표하기	
2단계	• 교회에 '녹색위원회'를 설치하여 교회에서 할 수 있는 실천 제안하기 • 부서별로 녹색교회 상상하고 실천계획 세우기	

3단계	• 교회에서 환경 관련 행사 열어 보기
	• 교회 모든 구성원과 함께 환경선교사 양성과정 참여하기

✦ 기도, 에너지 전환, 소비, 수송, 자원순환, 흡수원, 들음과 나섬의

  7가지 주제 영역에서 나와 우리 교회가 현재 실천하고 있는 것

  을 표시해 봅시다. 우리 교회와 가정 상황에 맞게 실천 내용을

  추가해 보는 것도 좋습니다.

※ 위의 내용은 《1.5도를 향한 기후교회 행진》 소책자에 더 자세하게 나와 있습니다. 각 영역의 실태와 기도문, 100가지 일상 실천사항도 담겨 있어 혼자 혹은 교우들과 함께 기후행동을 펼치기에 좋습니다. 문의: 기독교환경교육센터 살림 ecochrist@hanmail.net

세상의 선물이 되는 교회

✦ 응답하는 신앙, 책임적인 교회와 그리스도인

많은 그리스도인들이 사랑하는 CCM 중에 「아버지 당신의 마음이」(원제: 하나님 아버지의 마음)가 있습니다. 가사의 내용은 하나님의 마음을 따라 살아가기를 바란다는 신앙 고백입니다.

아버지 당신의 마음이 있는 곳에
나의 마음이 있기를 원해요
아버지 당신의 눈물이 고인 곳에
나의 눈물이 고이길 원해요
(…)
나의 마음이 아버지의 마음 알아
내 모든 뜻 아버지의 뜻이 될 수 있기를
나의 온몸이 아버지의 마음 알아
내 모든 삶 당신의 삶 되기를

신앙인의 삶은 이 찬양의 가사와 같아야 합니다. 하나님이 우리를 사랑하셨기에 우리는 그 사랑에 감사함으로 응답

합니다. 하나님 사랑에 응답한다는 것은 우리의 사랑이 그저 입에서 나오는 신앙 고백에서 그치지 않고, 하나님의 뜻이 어디에 계신지 깨달아 그곳에 우리의 마음을 같이 두며 그 뜻대로 사는 삶의 고백으로 이어지는 것입니다. 이 응답은 구체적으로 책임과 해석, 그리고 연대의 방법을 통해서 할 수 있습니다.

책임

하나님은 온 우주 만물을 창조하셨으며 구속하고 주관하십니다. 우리를 먼저 사랑하신 하나님은 우리에게 하나님의 관심 대상을 사랑할 것을 요청하십니다. 그 요청을 받아들이는 것은 곧, 이웃의 아픔을 내 것으로 여기는 책임적인 사랑입니다. 그리스도인은 하나님의 부르심과 요청에 응답할 책임이 있습니다. 하나님은 온 세계를 지으시고 다스리십니다. 우리는 하나님의 관심사인 이웃들에게 책임적인 삶으로 응답해야 합니다.

해석

이를 위해서 우리는 물어야 합니다.

세상의 선물이 되는 교회

1. 지금 이 세상에 무슨 일이 벌어지고 있는가?

2. 하나님을 눈물짓게 만드는 이 세상의 고통은 무엇이며, 하나님은 어떤 일을 하고 계시는가?

이 질문은 결국 *3.* 하나님은 내가 무엇 하기를 원하시는가? 라는 질문으로 이어집니다.

구약학자 아브라함 헤셸Abraham J. Heschel은 『예언자들』 *The Prophets*에서 예언에 대해 "인간 상황을 하늘의 눈으로 이해하는 것이다. 그러므로 예언은 하늘의 눈으로 인간 실존을 주석하는 것"이라고 했습니다. 성경의 예언자들은 하나님의 마음을 품은 사람들이었습니다.

연대

윌리엄 윌버포스는 노예 해방의 사명을 홀로 감당하지 않았습니다. 그럴 능력도 없었습니다. 노예 해방이 법제화되는데 영국에서만 수십 년의 시간이 걸렸고, 미국에서는 전쟁까지 벌어졌습니다. 그럼에도 여전히 인종차별 문화가 뿌리 깊게 남아 있는 현실을 보고 있으면 세상을 변화시키는 일이 마치 불가능한 것처럼 여겨지곤 합니다. 그러나 윌버포스의 곁에는 클래팜 공동체, 존 뉴턴과 존 웨슬리John Wesley 등

18세기 영국 부흥 운동으로 회심한 수많은 그리스도인들이 있었습니다. 오랜 시간 동안 포기하지 않고 계속해서 사명을 감당할 수 있도록 서로 격려하고 함께 지혜를 모으며 각자의 자리에서 맡은 일들을 감당해 온 동료들이 있었습니다.

오늘, 하나님은 그분의 일을 위하여 그리스도인을 동역자로 부르셨습니다. 하지만 우리 각자는 모든 것을 다 알지도 못하고 할 수도 없습니다. 그래서 동역자들이 필요합니다. 서로의 전문성을 인정하고 존중하며, 연결의 가치를 더욱 빛나게 할 사회적 연대와 공동체가 필요합니다. 사회 각 분야에서 전문성을 발휘하고 있는 헌신적인 이들과 교류함으로써 우리는 하나님 나라를 좀 더 폭넓고 깊이 있게 이해하고 그 나라에 참여할 수 있습니다. 이때 그 동역자는 지역 사회가 될 수도, 다른 교회나 기관, 전문가 그룹이 될 수도 있습니다.

그런데 교회가 세상을 변화시키고자 할 때, 염두에 두어야 할 것이 있습니다. 세상적인 힘의 방식이어서는 안 된다는 것입니다. 비전과 마찬가지로 비전을 이루는 방식 역시 하나님 나라의 가치에 부합해야 합니다. 우리는 하나님 앞에서 죄인임을 고백하며 "마음을 새롭게 함으로 변화를 받아"(롬 12:2b) "세상의 미련한 것들을 택하사 지혜 있는 자들을 부끄럽게 하려 하시고 세상의 약한 것들을 택하사 강한 것들을 부끄럽게 하"시는(고전 1:27) 신실하고 겸손한 십자가의 방식이어야 합니다.

세상이 회복되고 하나님 나라가 임하는 것은 매우 어려운 일일 것입니다. 그러나 하나님은 교회를 희망이라고 부르셨습니다. 하나님의 일을 함께하는 동역자로, 사명자로, 변혁자로 교회를 초대하셨습니다. 복음은 우리에게 새로운 힘을 주며 죽음의 문화에 대항하여 하나님의 선하신 통치와 새로운 미래를 상상하게 합니다. 우리가 하나님께 신실하게 응답할 때, 하나님이 세상을 새롭게 하셔서 눈먼 자, 가난한 자, 궁핍한 자, 두려움에 떨며 죽음의 문화에 신음하는 세계를 온전하게 하실 것입니다. 은혜와 진리, 평화와 공의가 풍성한 하나님의 나라가 임할 것입니다.

묵상과 토론을 위한 질문

✦ 인간이 지구에 존재하는 모든 생명체와 함께 문화 속에서 살아

가고 있으며, 인간에게 특별한 책임이 있다는 것은 무엇을 의미하나요?

✦ 우리 사회에서 변화되어야 할 부분, 하나님의 마음이 있는 곳은 어디라고 생각하나요? 공동선을 향한 복음의 가치, 곧 생명, 사랑, 평화, 정의의 관점에서 해석해 봅시다.

✦ 그 일을 위하여 우리 교회가 하나님께 응답할 수 있는 일, 그리고 협력·연대할 수 있는 이들을 찾아 단계적으로 함께 실천해 봅시다.

▶ 찬양
오늘 우리 눈물로 _작사·곡 고형원

▶ 함께 기도합니다
변혁시키시는 하나님, 우리를 주님의 긍휼과 정의, 샬롬의 은혜로 온전하게 하셔서 세상 속에서, 세상을 위해, 세상을 온전하게 하는 삶을 살게 하옵소서. 뒤틀리고 왜곡된 죽음의 문화와 질서 가운데 성삼위 하나님이 이루어 가시는 영광스러운 새 창조의 비전에 참여하게 하옵소서. 참 소망이며 생명이신 예수님의 이름으로 기도합니다. 아멘.

세상의 선물이 되는 교회

마치며:
성도다운 성도, 교회다운 교회

16세기 종교개혁은 종교뿐 아니라 유럽 사회 전반에 걸쳐서 큰 변화를 일으켰습니다. 공공성이 있는 사건이었던 것입니다. 종교개혁자 마르틴 루터는 성직자 중심의 가톨릭교회 예배가 제도화, 형식화되어 신자들의 영적인 삶이 피폐해지는 현실을 보았습니다. 신자들은 라틴어로 쓰인 성경을 이해하기커녕 읽을 수도 없었고, 사제들 또한 제대로 알지 못하고 더듬거리며 읽기 일쑤였습니다.

이런 모습을 안타까워하던 루터는 성경을 읽던 중 그리스도가 신자들을 "왕 같은 제사장"으로 삼으셨다는 베드로전서의 말씀이 가슴에 박혔습니다. 그래서 그는 사제뿐만 아니라 누구나 예수 그리스도 안에서 하나님께 직접 나아갈 수 있다는 만인제사장설을 주장했습니다. 그리고 쉬운 독일어로 신약성경을 번역해 시장 상인, 하인, 농부 등 누구나 성경을 읽을 수 있도록 했습니다. 이때 사용한 독일어는 상당히 완벽하여 나중에 독일, 오스트리아, 스위스를 아우르는 '표준 독일어' 설립에도 큰 영향을 미칩니다. 또한 그는 결혼과 가족, 노동, 사회 등 일상의 삶과 행동이 신학적으로 선한 가치를 갖고 있다고 하였습니다. 루터의 종교개혁은 개인의 신앙과 교회의 조직적인 측면에 큰 변화가 시작되게 했으며, 동시에 서구 세계에 근대를 열었다는 점에서 사회학적으로도 깊은 의미를 갖습니다.

종교개혁자 칼뱅 역시 그리스도인의 신앙이 개인의 신앙개혁에 머물러서는 안 된다고 여기며 사회와 공동체의 변화를 이끌어 낸 인물입니다. 사실 칼뱅이 제네바에 오기 전까지 스위스는 매우 가난한 나라였을 뿐만 아니라 각종 범죄자, 정치적 망명가, 술 취함과 매춘이 가득한 곳이었습니다. 신학자이자 목회자였던 칼뱅은 종교개혁 당시 제네바에서 교회가 지역의 현안과 필요를 선교적 과제로 인식하고 책임적으로 응답하는 일에 앞장섰습니다. 제네바는 칼뱅의 개혁을 받아들였고, 이후 직업 소명론 및 개신교 노동윤리

등의 성경적 세계관이 작동하면서 놀랍게 변화되었습니다.

칼뱅은 1541년부터 1564년까지 제네바에서 개혁운동을 펼쳤습니다. 먼저 설교와 치리회Consistorie를 통해 영적, 도덕적, 사회적 개혁을 시도했습니다. 1559년에는 제네바 아카데미를 창설하여 교육 개혁을 실천하였는데, 이 기관은 나중에 제네바 대학으로 발전하였습니다. 후에 제네바가 개신교의 중심지이자 세계에서 가장 살기 좋은 도시 중 하나로 인정받게 된 데엔 신앙의 온전함과 공동체적 책임을 강조한 칼뱅의 신앙과 신학, 실천에 큰 빚을 지고 있다고 해도 과언이 아닐 것입니다.

종교개혁자 루터와 칼뱅에게서 확인한 것처럼 신앙의 온전함은 개인적 차원에 국한되지 않으며 교회 공동체와 제도, 사회를 향한 실천적 책임과 깊은 연관이 있습니다. 그리고 이 세 가지 차원은 서로 연결되어 있습니다.

✢ 모범이신 예수 그리스도

신앙의 온전한 모습은 예수 그리스도의 삶을 통해서도 드러납니다. 완전한 인간이자 하나님이신 예수 그리스도는 아버지인 하나님을 온전히 사랑하셨습니다. 예수님은 하나님을 예배하셨습니다(요 4:23). 주님은 언제나 기도하셨으며, 하나님과 영적인 친밀감을 누리셨습니다. 예수님은 하나님께로부터 "너는 내 사랑하는 아들이라 내가 너를 기뻐하노라"(막 1:11)는 음성을 들으시며 하나님 안에 거하셨습니다. 하나님에 대한 사랑은 십자가에서 죽으시기까지 복종의 모습으로 나타났습니다.

개인으로서의 교회: 삶이 바뀐 사람들

예수님은 하나님 나라 복음을 전하시며 제자를 부르셨습니다. 물고기를 낚던 어부가 사람을 낚는 어부가 되었습니다. 세리는 이스라엘 민족으로부터 과도한 세금을 징수해 누리던 부요함을 버리고 예수님을 따랐습니다. 로마에 대적해 독립운동을 하던 이는 하나님 나라를 위해 일하게 되었습니다. 제자들의 삶이 바뀌었습니다.

공동체로서의 교회: 한 몸 공동체

주님은 사회적으로 함께할 수 없는 이들을 모아 제자 공동

세상의 선물이 되는 교회

체를 만드셨습니다. 로마의 앞잡이 역할을 한다고 멸시받던 세리 마태와 열심당원들은 이전까지 서로 정반대 입장에 있었지만, 주님을 하나님의 아들로 고백하는 공동체, 서로 용서하고 화해하며 사랑을 실천하는 공동체의 일원이 되었습니다. 그 제자 공동체는 이후 교회 공동체가 되었고, 하나님 나라의 예표가 됩니다.

예수님은 그들이 주님 안에서 하나가 되기를 바라셨습니다. 예수님은 "우리가 하나가 된 것같이 그들도 하나가 되게 하려 함이니이다"(요 17:22b)라고 말씀하셨습니다. 하나님 나라의 예표인 교회는 오직 사랑 안에서 참된 것을 하여 범사에 주님에게까지 자라나는 공동체입니다. 또한 온몸이 각 마디를 통하여 도움을 받아 연결되고 결합되듯이 각 지체의 분량대로 역사하여 그 몸을 자라게 하며 사랑 안에서 스스로 세워 나가는 곳입니다(엡 4:15-16).

사회구성원으로서의 교회: 땅 끝까지 이르라

부활 후 승천하시는 예수님은 마지막 명령으로 "땅 끝까지 이르러 내 증인이 되리라"(행 1:8d)고 하셨습니다. 그리고 이 것은 제자를 삼아, "내가 너희에게 분부한 모든 것을 가르쳐 지키게"(마 28:20a) 하는 것과 관계가 있다고 말씀하십니다. 여기서 "땅 끝까지"는 지리적인 것만을 말하지 않으며 세상의 모든 영역에서 하나님 나라를 증언하라는 것이기도 합니다. 하나님 나라는 모든 영역에서 이루어져야 합니다. 정치, 경제, 사회, 문화 등 모든 삶의 자리에 하나님의 주권이 임해야 합니다. 하나님 나라의 교두보로서 그리스도인과 교회는 세상 속에 하나님 나라의 가치를 품고 신실하게 현존해야 합니다. 신실한 현존은 근본적으로 언약적 관계와 제도를 형성합니다. 그것의 목적은 단지 기독교인만이 아니라 모든 사람을 위해 의미, 목적, 진리, 아름다움, 공동체, 정의를 육성하는 것입니다.

✢ 하나님 나라의 비전과 실천

뉴욕 맨해튼의 아파트에서 신자 15명이 모임을 가지며 시작된 리디머 장로교회는 다양한 분야에서 사회적 책임을 실천하는 교회로 자리매김하며 팀 켈러Timothy J. Keller 담임목사가 은퇴할 2017년 당시 매주일 오천 명이 예배드리는 교회로 성장하였습니다. 현재는 5개의 캠퍼스로 나뉘어 사역을 이어 가고 있습니다. 리디머 교회는 복음이 지닌 교리적 측면과 문화에 대한 성찰을 통해 교회가 되어 간다고 밝힙니다. 이 교회의 비전 선언문은 이렇습니다.

"리디머 장로교회의 사역은 복음운동을 통해 모든 사람을 위한 위대한 도시 건설을 돕기 위해 존재하는데, 이것은 개인적인 회심, 지역 공동체 형성, 사회 정의와 문화적 갱신을 뉴욕과 전 세계 속에 가져오도록 하는 것이다."[1]

리디머 교회는 이러한 비전 선언문하에서 신앙이 개인적 차원에 머물지 않고 문화 변혁, 사회적 책임, 교회 개척과 개인의 신앙생활 등 책임적 신앙으로 열매 맺을 수 있도록 다양한 일들을 시도하고 있습니다.

- 신앙과 일을 위한 센터Center for Faith & Work 문화적 갱신의 주요 역할자로서 성도와 교회를 지원하는 플랫폼
- 호프 포 뉴욕Hope for New York 뉴욕 맨해튼과 주변 지역의 50개 비영리 단체와 협력하여 사회적 책임을 실천하는 단체

- 시티 투 시티City To City 전 세계 54개 도시에서 381개가 넘는
  교회 개척 지원
- 라이즈 캠페인the Rise Campaign 건강한 복음 운동을 통해 복음
  적 영향력을 극대화하여 뉴욕 시민들의 교회 출석률 향상에 힘
  쓰는 운동

하나님 나라는 개인의 영적 복음의 차원에 한정되지 않
습니다. 지금 여기에서 하나님 나라를 이루어 간다는 것은
하나님이 창조하신 본래의 모습대로 모든 영역에서 완성하
는 것입니다. 그리스도인이 세상에 관여하는 것은 모든 선,
아름다움, 진리의 창조주를 영화롭게 하려는 소망의 표현이
며, 하나님에 대한 우리 사랑의 복종의 표시이고, 이웃을 사
랑하라는 하나님의 명령을 지키기 위해서입니다.[2]

그리스도를 통한 구속은 창조 명령의 취소가 아니라 그
것을 온전하게 지켜 가는 것을 목표로 합니다. 사람들이 그
리스도에 대한 믿음으로 구원받을 때, 자기 죄로부터 구원
받을 뿐 아니라 창조 때에 명령된 사명, 즉 하나님을 영화롭
게 하며 그분의 성품과 영광을 반영하는 세상을 돌보고 가
꾸는 사명을 맡도록 구원받습니다.[3]

세상의 선물이 되는 교회

그래서 1. 그리스도인 각 개인은 먼저 교회 안에서 하나님 나라의 질서와 사랑을 실현하기 위해 힘씁니다. **기도**하고, **성경**을 읽으며, 거짓과 진리를 **분별**합니다. 서로의 차이를 인정하며 **대화**하고 마음을 연결합니다.

2. 그리스도인이 모인 교회 공동체는 **비전 공동체**이며 **예배 공동체**입니다. 또한 복음을 소통하여 믿음의 능력을 훈련하는 **이야기 공동체**가 되고, 하나님 나라를 삶으로 일구는 **제자 공동체**가 됩니다. 그렇게 서로 사랑하고 이해하며 하나 되는 주의 몸 된 교회를 이루어 갑니다.

이러한 교회는 3. 사회구성원으로서 하나님 나라의 가치가 교회 안팎에서 실현되는 **사명**을 감당하는 데 힘씁니다. 건강한 의사소통 구조를 만들어 교회의 **변화**를 일구고 **이웃과 지역사회**를 돌보며 번영하도록 돕습니다. 모든 이들을 위한 교회가 되어 정의로운 세상을 이루도록 힘을 모읍니다. 하나님의 형상을 파괴하는 사회 제도들이 아니라 하나님의 형상을 지닌 제도들을 만들어 하나님이 창조하신 모습대로 이 땅이 회복되고 번영할 수 있도록 **희망**을 불어넣습니다.[4] 그리스도인과 그들의 공동체인 교회는 하나님이 주신 힘과 권력의 청지기로서 자신에게 주신 재능, 물질, 유무형의 자원들을 활용하여 이 땅의 문화와 제도들을 건강하게 가꾸어 갑니다. 그리하여 세상을 복되게 하는 교회, 세상의 선물이 되는 교회를 만들어 갑니다.

✦ 이제 《건강한 교회 세우기》 시리즈 전 과정을 마쳤습니다. 이전에 비해 새롭게 알게 되었거나 변화된 점, 건강한 교회를 세워 나갈 때 가장 중요하다고 느낀 것이 있다면 나눠 보세요.

✦ 나눈 내용을 기억하며 하나님 나라의 온전함을 향하여 더욱 성도다운 성도, 교회다운 교회가 되어 갑시다. 이를 위하여 기도하고 서로 격려합시다.

세상의 선물이 되는 교회

1장 사명: 교회, 섬기기 위해 세워지다

1 돈 에버츠, 이지혜 옮김, 『희망의 이웃』*The Hopeful Neighborhood*(서울: 성서유니온, 2022), 44.

2 Epistle of Barnabas 4.10, Michael Lamb and Brain A. Williams, eds., *Everyday ethics: Moral Theology and the Practices of Ordinary Life*(Washington, DC: Georgetown Univ. press, 2019), 145.

3 Jim Wallis, *The (un)Common Good: How the Gospel Brings Hope to a World Divided*(Grand Rapids: Brazos, 2013), 3.

4 「2023년 한국교회의 사회적 신뢰도 여론조사 결과자료집」(기독교윤리실천운동, 2023). 2023년 1월 11-15일, 만 19세 이상 1,000명 패널 대상 온라인 조사. 기독교윤리실천운동 홈페이지 https://cemk.org/resource/29349/에서 다운로드할 수 있습니다.

5 「한국교회 건강성 분석 리포트」는 〈한국교회 희망 프로젝트〉의 '교회의 건강성 측정을 위한 조사' 결과 분석 보고서입니다. 《건강한 교회 세우기》 시리즈 중 이론편 『하나님 나라, 공동선, 교회』 1부에 실려 있습니다. 한국교회 희망 프로젝트 엮음, "한국교회 건강성 분석 리포트", 『하나님 나라,

공동선, 『교회』(서울: 크리쿰북스, 2024).

6 위의 책, 83.

7 Jake Meador, *In Search of the Common Good: Christian Fidelity in a Fractured World*(Downers Grove, IL: InterVarsity Press, 2019), 29.

8 돈 에버츠, 『희망의 이웃』 39.

9 장창일, "주민 위해 활짝 연 교회 주차장, 다시 닫는 사연은?", 국민일보, https://www.themission.co.kr/news/articleView.html?idxno=58880, [게시 2022.11.21.]

10 유수완, "종교시설 주차장 개방… 주차난 해소 도움", 현대HCN, https://blog.naver.com/hcnnewswide/30172912408, [게시 2013.07.29.]

11 장창일, "교회 주차장 개방하니 "차 못 뺀다"는 빌런이?", 국민일보, https://www.themission.co.kr/news/articleView.html?idxno=69833, [게시 2023.12.28.]

2장 이웃: 교회, 지역과 함께 성장하다

1 수잔 시마드, "나무가 서로와 대화하는 방법", TED Summit, https://www.ted.com/talks/suzanne_simard_how_trees_talk_to_each_other?hasSummary=true&language=ko, [게시 2016.06.]

2 *Letter to Arsacius, High-priest of Galatia, in The Works of the Emperor Julian*, vol.3, ed. Wilmer Cave Wright(New York: Putnam's Sons, 1923), 67.

3 윤혜린, "[경기] 징검다리어린이 작은도서관", 작은도서관, https://www.smalllibrary.org/program/bestPractice/2143, [게시 2022.10.31.]

4 박용미, "[성탄특집] 4인4색-예수를 따라 살려는 그리스도인(4)", 기독신문, https://www.kidok.com/news/articleView.html?idxno=89443, [게시 2014.12.16.]

세상의 선물이 되는 교회

5 Yvonne Fowler, *The Local Church in Mission: Becoming A Missional Congregation in the Twenty-First Century Global Context and The Opportunities Offered Through Tentmaking Ministry*(Lausanne Occasional Paper 39/2, 2004).

6 한국일, "선교적 교회로서 지역교회의 역할 연구", 「선교와 신학」 44[2018], 81.

7 조주희, "교회와 사회의 소통", 한국기독공보, http://pckworld.com/article.php?aid=6579538014, [게시 2014.10.17.]

8 「2019 문화선교컨퍼런스 자료집」(서울: 문화선교연구원, 2019), 55-59.

9 레이 올든버그, 김보영 옮김, 「제3의 장소」*The Great Good Place*(서울: 풀빛, 2019).

10 세이비어 교회를 세운 고든 코스비 목사가 90세였던 2008년도 베일러 대학교 사회사업학보지와의 인터뷰지에서 발췌했습니다. "An interview with Gordon Cosby", *Baylor University School of Social Work*(2008), 32-35. 원문은 https://www.baylor.edu/content/services/document.php/145343.pdf에서 확인할 수 있습니다.

3장 변화: 교회, 하나님 나라를 맛보는 곳

1 이덕주, 「한국교회 처음 이야기」(서울: 홍성사, 2006), 106.

2 김태섭, "하나님 나라에 대한 이해", 「하나님 나라, 공동선, 교회」(서울: 크리쿰북스, 2024), 96-112.

3 송용원, "하나님 나라, 교회, 그리고 공동선", 위의 책, 125-27.

4 성 아우구스티누스, 조호연·김종흡 옮김, 「하나님의 도성」*The City of God*(고양: 크리스챤다이제스트(CH북스), 2016), 698.

5 한국교회 희망 프로젝트 엮음, "한국교회 건강성 분석 리포트", 「하나님 나라, 공동선, 교회」 71-76.

6 "'청년의 교회/종교에 대한 의식 설문조사 백서 "한국교회, 청년이 떠나고 있다" 발간' 보도요청", 한국기독교교회협의회, http://www.kncc.or.kr/newsView/knc201710300002, [게시 2017.10.30.]

7 로드니 스타크, 허성식 옮김, 『기독교 승리의 발자취』The Trumph of Christianity(서울: 새물결플러스, 2020), 187.

8 위의 책, 188.

9 웨인 믹스, 박규태 옮김, 『1세기 기독교와 도시 문화』The First Urban Christians(서울: IVP, 2021), 185-86.

10 존 오트버그, 윤종석 옮김, 『예수는 누구인가』Who is This Man?(서울: 두란노, 2014), 49.

11 위의 책, 51.

12 최샘찬, "확대당회서 제안한 청년공간…자유롭게 예배 드리고 공부한다", 한국기독공보, https://www.pckworld.com/article.php?aid=9278334839, [게시 2022.03.17]; ""교회 의결구조, 투명한가? 모두가 참여하는가?"", 한국기독공보, https://www.pckworld.com/article.php?aid=9614560682, [게시 2022.12.13.]

13 데이비드 키네먼, 이선숙 옮김, 『청년들은 왜 교회를 떠나는가』You Lost Me(서울: 국제제자훈련원, 2015), 261-79.

14 안용성, "(특별기획) 새로운 조직문화의 가능성을 보다: 그루터기교회 애찬 디자인(1)-(4)", 문화선교연구원, https://cricum.tistory.com/search/그루터기교회; 김은석, "코로나19가 득이 된, 평신도 중심의 민주적 교회", 뉴스앤조이, https://www.newsnjoy.or.kr/news/articleView.html?idxno=305531, [게시 2023.07.29.]

4장 희망: 교회, 하나님 나라가 임하는 통로

1 윌리엄 윌버포스, 서진영 옮김, 『윌리엄 윌버포스의 위대한 유산』

Greatest Works(서울: 요단출판사, 2013), 19-75; 윤영휘, 『혁명의 시대와 그리스도교』(서울: 홍성사, 2018), 133-60.

2 Coretta King, *My Life with Martin Luther King, Jr.*(London: Hodder and Stoughton, 1970), 127.

3 한국교회 희망 프로젝트 엮음, "한국교회 건강성 분석 리포트", 『하나님 나라, 공동선, 교회』 43-45.

4 제임스 데이비슨 헌터, 배덕만 옮김, 『기독교는 어떻게 세상을 변화시키는가』*To Change the World*(서울: 새물결플러스, 2014), 16.

5 Frederick Catherwood, "Reform or Revolution?" in *Is Revolution Change?* ed. Brian Griffiths(London: Inter-Varsity Press, 1972), 35.

6 최종우, ""아기 생명 살렸는데 불법이라고?"", 노컷뉴스, https://www.nocutnews.co.kr/news/5956454, [게시 2023.06.08.]

7 이인창, "사회적 일자리 1100개 만드는 교회 "와보세요"", 아이굿뉴스, https://igoodnews.net/news/articleView.html?idxno=47792, [게시 2015.12.03.]

시리즈 맺음말

1 리디머 교회의 홈페이지 중 Vision and values 페이지에서 찾아볼 수 있습니다. https://www.redeemer.com/learn/vision_and_values

2 제임스 데이비슨 헌터, 『기독교는 어떻게 세상을 변화시키는가』, 346-47.

3 위의 책, 349.

4 앤디 크라우치, 김명윤 옮김, 『사람의 권력 하나님의 권력』*PLAYING GOD*(서울: IVP, 2022), 324.

세상의 선물이 되는 교회

초판 1쇄 발행 2024년 7월 31일

기획 한국교회 희망 프로젝트
글쓴이 백광훈·김지혜
펴낸이 임성빈
책임편집 김지혜

펴낸곳 크리쿰북스
등록 2017년 3월 17일 제25100-2017-000017호
주소 03721 서울시 서대문구 성산로 527(대신동), B1
전화 02-743-2535 **팩스** 02-743-2532
이메일 cricumorg@naver.com

한국교회 희망 프로젝트 linktr.ee/bh2030
문화선교연구원 cricum.com

ISBN 978-89-967383-7-4 04230
ISBN 978-89-967383-3-6 (세트)